Sacha Bachim

Faktencheck Psyche

SACHA BACHIM

FAKTENCHECK PSYCHE

50 MYTHEN ÜBER UNSER DENKEN, FÜHLEN UND HANDELN

dtv

MIX
Papier | Fördert gute Waldnutzung
FSC® C083411
www.fsc.org

Umschlaggestaltung: zero-media.net, München
Umschlagmotive: FinePic®, München
Layout & Satz: Gaby Michel, Hamburg
Gesetzt aus der Artigo
Druck und Bindung: CPI books GmbH, Leck
Printed in Germany · ISBN 978-3-423-26390-0

Für Denise

INHALT

Vorwort 11

MYTHEN ÜBER PSYCHISCHE GESUNDHEIT 15

Mythos #1: Psychisch gesund ist, wer keinen Dachschaden hat 17

Mythos #2: Wo ein Wille ist, ist auch ein Weg 21

Mythos #3: Es liegt an der Jahreszeit 25

Mythos #4: Männer sind das stärkere Geschlecht 30

Mythos #5: In dem Alter ist das normal 34

Mythos #6: Erfolg macht glücklich 39

Mythos #7: Schicksalsschläge machen unglücklich 44

Mythos #8: Früher war alles besser 50

Mythos #9: Resilient wird man geboren 55

Mythos #10: Wir wissen schon, was uns fehlt 60

MYTHEN ÜBER GESELLSCHAFTLICHE NORMEN 67

Mythos #11: Erst die Arbeit, dann das Vergnügen 69

Mythos #12: Eigenlob stinkt 74

Mythos #13: Ich darf nichts verpassen 78

Mythos #14: Kein Alkohol ist auch keine Lösung 83

Mythos #15: Man muss immer einen Schritt vorausdenken 88

Mythos #16: Träume sind Luftschlösser 93

Mythos #17: Im Zweifelsfall mehr desselben 99

Mythos #18: Folge stets deinen Werten 104

Mythos #19: Was du heute kannst besorgen, das verschiebe ebenso gut auf morgen 112

Mythos #20: Vorwärts immer, rückwärts nimmer 118

MYTHEN ÜBER GEFÜHLE 125

Mythos #21: Gefühle lügen nicht 127

Mythos #22: Emotionen entstehen in der Gegenwart 132

Mythos #23: Es ist wichtig, sich zu sorgen 137

Mythos #24: Gefühle sind nutzlos 143

Mythos #25: Stress ist leistungsförderlich 148

Mythos #26: Ansprechen macht's schlimmer 154

Mythos #27: Akzeptieren heißt kapitulieren 159

Mythos #28: Trauer verläuft in fünf Phasen 164

Mythos #29: Einmal traumatisiert, immer traumatisiert 169

Mythos #30: Emotionen regulieren sich von selbst 174

MYTHEN ÜBER SELBSTHILFE 181

Mythos #31: Man muss nur positiv denken 183

Mythos #32: Bei Angst am besten ablenken 187

Mythos #33: Erholung geht nur durch Schonung 193

Mythos #34: Für Selbstfürsorge hat doch keiner Zeit 198

Mythos #35: Doppelt gemoppelt hält besser 203

Mythos #36: Schlaf lässt sich erzwingen 208

Mythos #37: Verdrängung ist immer schlecht 213

Mythos #38: Selbstverbote sind zielführend 218

Mythos #39: Medikamente sind (k)eine Lösung 223

Mythos #40: Therapie ist für Menschen, die keine Freund*innen haben 228

MYTHEN ÜBER BEZIEHUNGEN UND FAMILIE 235

Mythos #41: Liebe ist ein Allheilmittel 237

Mythos #42: In einer guten Beziehung will man immer das Gleiche 242

Mythos #43: Partner*innen sind Blitzableiter 246

Mythos #44: Vertrauen ist gut, Kontrolle ist besser 251

Mythos #45: Liebe braucht keine Worte 256

Mythos #46: Recht hat, wer am lautesten schreit 261

Mythos #47: In einer glücklichen Familie wird nicht gestritten 267

Mythos #48: Elternsein ist ein Fulltime-Job 272

Mythos #49: Strafe muss sein 278

Mythos #50: Freundschaft hält ein Leben lang 284

Nachwort 291

Danksagung 293

Literatur 294

VORWORT

Spinat ist reich an Eisen und macht stark.

Nach dem Essen schwimmen ist gefährlich.

Haare wachsen schneller, wenn man sie öfter schneidet.

Im Schlaf verschlucken wir regelmäßig Spinnen.

Schnaps ist gut für die Verdauung.

Knöchelknacken führt zu Arthritis.

Ein verschluckter Kaugummi bleibt sieben Jahre lang im Körper.

Nach dem Tod wachsen die Nägel weiter.

Lesen bei schlechtem Licht schadet den Augen.

In Büchern, in denen Mythen entlarvt werden, kann man dem Autor alles glauben.

– Annahmen, die allesamt als Mythen entlarvt worden sind (außer der letzten, die stimmt hundertprozentig!)

Nachdem ich mein Buch *Therapie to go* geschrieben hatte, war ich mir eigentlich sicher: Das war's! Alles, was Leser*innen meiner Meinung nach über psychische Gesundheit und Psychotherapie wissen sollten, hatte ich in dieses Buch gepackt. Mehr habe ich nicht auf Lager, dachte ich. Meine kurze Karriere als Autor konnte ich somit guten Gewissens an den Nagel hängen und mich wieder auf meine Praxis konzentrieren. Auf gar keinen Fall würde ich noch einmal ein Buch schreiben! Und dann dachte ich plötzlich an Spinat ... Und an Schwimmen nach dem Essen, verschluckte Spinnen und das ganze andere Halb- und Falschwissen, mit dem wir alle aufgewachsen sind.

Mythen sind tief in unserer Gesellschaft verwurzelt. Sie durchziehen unsere Kulturen, formen unsere Überzeugungen und beeinflussen unser Denken, Fühlen und Handeln, oft ohne dass wir dies bewusst merken. Dadurch können sie Unwahrheiten in unseren Alltag tragen, die sich nur allzu hartnäckig halten. Gerade über die Psyche gibt es sehr viele falsche Annahmen und Vorurteile. In Form von Glaubenssätzen können sie unsere Vorstellung von uns selbst und der Gesellschaft prägen. Sie können unbegründete Unsicherheiten, Ängste und Sorgen schüren, dazu beitragen, dass wir falsche Erwartungen an uns selbst, an unsere Mitmenschen oder an die Zukunft stellen, und dafür sorgen, dass wir immer wieder in schädliche Verhaltensmuster zurückfallen. Mythen können uns in diesem Sinne unserer Freiheit und Lebensqualität berauben – oder uns geradezu verrückt machen! Wenn wir es jedoch schaffen, verzerrte Glaubenssätze aufzudecken und kritisch zu hinterfragen, können wir uns von diesen Ketten befreien.

Also habe ich jetzt doch noch ein Buch geschrieben ... Dieses Mal geht es nicht mehr vorrangig darum, was Sie als Leser*in alles wissen sollten, sondern vor allem um den Quatsch, den Sie nicht mehr glauben sollten. Und weil ich am Ende des Tages doch immer noch Therapeut bin, schlage ich zu jedem

Kapitel eine konkrete Übung aus der Psychotherapie zum Ausprobieren vor. Lassen Sie uns also gemeinsam die Faktencheck-Lupe auf 50 geläufige Annahmen richten, die wir definitiv als überflüssige Mythen entlarven können!

Ich habe angefangen, ein bisschen vergnügt zu sein, da man mir sagte, das sei gut für die Gesundheit.
– Voltaire

Das Schicksal mischt die Karten, wir spielen.
– Arthur Schopenhauer

Wenn wir uns daran erinnern, dass wir alle verrückt sind, verschwinden die Geheimnisse und das Leben wird erklärt.
– Mark Twain

MYTHEN ÜBER PSYCHISCHE GESUNDHEIT

MYTHOS #1

PSYCHISCH GESUND IST, WER KEINEN DACHSCHADEN HAT

Es wurde aber auch mal Zeit! Es wird darüber gesprochen! Dafür brauchte es lediglich eine weltweite Pandemie, Krieg in Europa, Inflation und eine Klimakrise, doch der Groschen scheint endlich gefallen zu sein. Was bislang nur Psycholog*innen, Psychiater*innen und Psychopath*innen vermuteten: Es gibt sie wirklich, die sogenannte psychische Gesundheit!

Erste Studien belegen den Einfluss, den die letzten Jahre auf unser seelisches Wohlergehen hatten. So zeigt sich bei Familien und jungen Erwachsenen, dass die psychische Gesundheit nach wie vor stark von den Nachwirkungen der Coronapandemie betroffen ist. Bei Menschen über 30 werden dagegen Inflation, steigende Lebenshaltungskosten und der Krieg in der Ukraine als wichtigste Belastungen genannt (Pronova BKK, 2023). Das Päckchen, das wir alle mit uns rumtragen, scheint sich bei vielen allmählich mit Blei gefüllt zu haben. Die Nachfrage nach Therapieplätzen ist so hoch wie nie zuvor.

Einen Lichtstreif am Horizont stellt die Tatsache dar, dass psychische Gesundheit endlich Teil des öffentlichen Diskurses ist. Über psychische Gesundheit wird meistens allerdings erst dann gesprochen, wenn diese bereits angekratzt ist. Also dann, wenn eigentlich das Gegenteil gemeint ist, nämlich psychische Krankheit.

Psychische Gesundheit ist tatsächlich aber viel mehr als nur die Abwesenheit von Krankheit. Die Weltgesundheitsorganisation definiert sie als einen »Zustand des Wohlbefindens, in dem eine Person ihre Fähigkeiten ausschöpfen, die normalen Lebensbelastungen bewältigen, produktiv arbeiten und einen Beitrag zu ihrer Gemeinschaft leisten kann« (WHO, 2004).

Der Frage nach der Entstehung von Gesundheit (Salutogenese) widmete sich bereits der Soziologe Aaron Antonovsky. Das sogenannte salutogenetische Modell (Antonovsky, 1979) änderte die medizinische Perspektive: Anstatt sich damit zu befassen, was uns krank macht, beschäftigt es sich damit, was uns gesund hält. Ein zentrales Konzept der Salutogenese ist das sogenannte Kohärenzgefühl, das sich aus drei Komponenten zusammensetzt:

1. Gefühl der Verstehbarkeit
2. Gefühl der Bewältigbarkeit
3. Gefühl der Sinnhaftigkeit

Die Salutogenese betont die Bedeutung der individuellen Ressourcen, des sozialen Umfelds und der persönlichen Einstellung. Es geht darum, positive Aspekte und Potenziale zu identifizieren und zu nutzen, um Widerstandsfähigkeit und

Wohlbefinden zu stärken. Unser Wohlergehen, unsere Lebensqualität und unsere Resilienz werden in diesem Sinne maßgeblich von der mentalen Gesundheit bestimmt. Gerade heute stellt diese ein wertvolles Gut dar und sollte dementsprechend gehegt und gepflegt werden.

Es fängt mit der furchtbar simplen Frage »Wie geht's?« an. Diese Frage ist hier nicht als lapidare Begrüßungsfloskel gemeint, sondern im Sinne einer ernsthaft interessierten Selbstreflexion: »Wie geht es mir gerade (wirklich), und könnte ich im Moment etwas tun, damit es mir vielleicht (noch) besser geht?« Es muss dabei nicht immer über weitreichende Lebensveränderungen entschieden werden. Oft sind es gerade die kleinen Dinge, die bereits eine große Wirkung haben können. Manchmal weist uns die Frage »Wie geht es mir gerade (wirklich)?« auch auf vernachlässigte Primärbedürfnisse hin. Wenn wir auf der Arbeit oder privat gedankenverloren vor dem Bildschirm kleben, kann die Selbstwahrnehmung schon mal auf der Strecke bleiben. So merken wir eventuell gar nicht, dass der Nacken sich verspannt, die Luft stickig ist, wir Durst haben oder die Blase drückt. Abhilfe können dann beispielsweise eine kurze Muskellockerungsübung, ein geöffnetes Fenster oder eine kurze Kaffee-/Toilettenpause schaffen, vorausgesetzt, es wurde zuvor die Frage gestellt: »Wie geht es mir gerade (wirklich)?«

Bei einer psychischen Verstimmung verhält es sich nicht anders. Wenn uns erst einmal bewusst wird, dass es uns gerade nicht so gut geht, weil wir uns einsam, träge oder lustlos fühlen, dann können eventuell ein kurzes Telefonat mit der besten Freundin oder dem besten Freund, der Spaziergang um den Block oder das Lieblingsalbum, zu dem im Auto laut mitgegrölt wird, die Stimmung wieder heben.

Lassen Sie uns also weiter über psychische Gesundheit sprechen, um dazu beizutragen, dass psychische Krankheit entstigmatisiert wird. Lassen Sie uns unseren wertvollsten Besitz zudem präventiv pflegen, damit es gar nicht erst so weit kommt, dass wir nur noch auf Sparflamme brennen.

ÜBUNG #1: WIE GEHT ES MIR GERADE (WIRKLICH)?

Stellen Sie sich die Frage »Wie geht es mir gerade (wirklich), und könnte ich im Moment etwas tun, damit es mir (noch) besser geht?« doch einfach mal öfter, vielleicht sogar regelmäßig, zum Beispiel täglich vor dem Zubettgehen oder als Ritual auf dem Heimweg nach der Arbeit. Besorgen Sie sich ein Büchlein, in dem Sie Ihre Antworten auf diese Frage schriftlich dokumentieren. Mit der Zeit wächst Ihr Protokollbuch zu einem Archiv an guten Ideen an, von denen Sie sich in Zukunft inspirieren lassen können, wenn es Ihnen mal nicht so gut geht. Wenn Sie zu der Schlussfolgerung kommen, Sie könnten tatsächlich etwas dazu beitragen, dass es Ihnen heute ein klein wenig besser geht, dann schlage ich Ihnen folgenden radikalen Veränderungsansatz vor:
Tun Sie das doch einfach!

MYTHOS #2

WO EIN WILLE IST, IST AUCH EIN WEG

Hobbits gegen Sauron, Rebellen gegen Imperium, Westdeutschland gegen Ungarn 1954 beim Wunder von Bern … Die Chancen sind aussichtslos, der Glaube an den Erfolg jedoch unbezwingbar. Durch pure Willenskraft gelingt den unwahrscheinlichsten aller Held*innen am Ende das Unmögliche. Ob wir uns für Fantasyliteratur, Science-Fiction-Filme oder Fußball begeistern, wir alle lieben eine gute Underdog-Geschichte. »From zero to hero«, heißt es im Land der unbegrenzten Möglichkeiten, wenn der amerikanische Tellerwäscher es zum Millionär schafft – einfach nur, weil er es unbedingt wollte. Diese Geschichten, die zum festen Bestandteil unserer westlichen Sozialisierung geworden sind, suggerieren, dass wir alle Astronaut*in, Fußballprofi oder TikTok-Superstar werden können, wenn wir es uns fest genug vornehmen.

Natürlich wird es Sie nicht überraschen, dass die Statistik eher ernüchternd ausfällt. Die Europäische Raumfahrtagentur (ESA) erhielt zum Beispiel 2021 über 22 500 Bewerbungen, von denen lediglich fünf Personen ausgewählt wurden (Siebert, 2022). Sogar wenn Sie die (sehr) hohen Anforderungen erfüllen sollten, die Sie berechtigten, Ihre Bewerbung bei der nächsten ESA-Ausschreibung einzureichen, läge die Wahrscheinlichkeit, dass Sie gegenüber Ihren Mitbewerber*innen herausstechen könnten, also bei nur 0,02 Prozent.

Im Fußball sieht es nicht viel rosiger aus. Über 2,5 Millionen Kinder zwischen 7 und 14 Jahren spielen in Deutschland aktiv in einem Fußballverein (Inside Jugendfußball, 2019). Wenn man das den knapp 1000 Profifußballern der Bundesliga und der 2. Bundesliga gegenüberstellt, ergibt sich für die Kinder, die sich bereits leidenschaftlich in Vereinen engagieren, lediglich eine Chance von 0,04 Prozent, es zum erfolgreichen Profi zu schaffen. Der Traum, der nächste Basti Schweinsteiger zu werden, ist also nicht viel realistischer als der Traum, zu den Sternen zu fliegen.

In den sozialen Medien wird vor allem jungen Frauen abverlangt, sich künstlichen Schönheitsidealen zu unterwerfen. Obwohl klar sein sollte, dass die virtuelle Art der Selbstdarstellung sich dank Fotofilter und inszenierten Posen längst von jeglicher Alltagsrealität entfernt hat, wird sie doch größtenteils als die neue Normalität vorgelebt. Ob beim professionellen Fotoshooting oder kurz nach dem Erwachen im Bett, es gibt keine Entschuldigung, wieso man nicht jederzeit wie Heidis nächstes Topmodel aussehen sollte.

Ein aktueller TikTok-Trend, der als »Lucky Girl Syndrome« bekannt geworden ist, wird in zahllosen Videos junger Influencer*innen verbreitet, die eigene Erfolgsgeschichten als Beweise dafür vorlegen, dass sich das Glück ganz einfach durch positives Denken und Willenskraft herbeibeschwören lässt (El Ouassil, 2023).

Selbst in der Ratgeberliteratur und in zahlreichen Onlinetutorials wird versucht, den Tellerwäscher-Mythos zu Geld zu machen. Ob Sie mit Kryptoinvestitionen reich werden, mit einer neuen Diät abnehmen oder mit Anmachsprüchen zum Flirtexperten werden sollen, es wird meistens das gleiche simple Mindset verkauft: Der Glaube versetzt Berge.

Ohne Zweifel ist eine gesunde Portion Selbstvertrauen zielführend und gut für das eigene Selbstwertgefühl. Und Träume können tatsächlich – egal wie realistisch sie sein mögen – die Motivation stärken, den eigenen Werten entsprechend zu handeln und nicht bereits bei der ersten Hürde sofort aufzugeben. Bleibt das anvisierte Ziel jedoch trotz Ausdauer und Engagement langfristig aus, dann wird schnell die Kehrseite der Wir-müssen-nur-wollen-Medaille aufgedeckt. Wenn Erfolg, Glück und Gesundheit von der eigenen Willenskraft entschieden werden, dann kann das im Umkehrschluss ja nur bedeuten, dass Menschen, die erfolglos, unglücklich oder krank bleiben, ganz einfach nicht entschlossen genug etwas ändern wollen. Und wenn es mit der psychischen Gesundheit mal hapern sollte, ist man ja wohl selbst schuld. Zu der Enttäuschung über die nicht erreichten Ziele gesellt sich dann noch eine anständige Portion Schuld-, Scham- und Minderwertigkeitsgefühle.

Wenn Sie merken, dass das mit dem »Lucky girl/lucky boy«-Dasein trotz aller Bemühungen einfach nicht so richtig klappen will, überdenken Sie Ihre Ziele noch einmal. Niemand verlangt von Ihnen, Ihre Träume aufzugeben. Doch manchmal ist eine gesunde Portion Realismus hilfreicher als bedingungsloser Glauben.

Denn: Wo ein realistisches Ziel ist, ist oft auch ein Weg.

ÜBUNG #2: DIE WUNSCH-CHECKLISTE

Wenn Sie aktuell ein bestimmtes Ziel verfolgen, kann die folgende Checkliste dabei helfen, eine realistische Einschätzung zu erlangen:

- Was ist mein Wunsch / Ziel / Traum?
- Wie trage ich im Moment aktiv dazu bei, dass ich mich dem Wunschzustand annähere?
- Wie hoch schätze ich die Wahrscheinlichkeit (in Prozent) ein, dass ich meinen Wunschzustand erreichen kann, wenn ich so weitermache wie bisher?
- Was könnte ich zusätzlich aktiv tun, um diese Erfolgswahrscheinlichkeit zu erhöhen?
- Wie hoch schätze ich die Wahrscheinlichkeit (in Prozent) ein, dass ich meinen Wunschzustand erreichen kann, wenn ich alles tue, was in meinem Handlungsbereich liegt?
- Was könnte das Erreichen meines Wunschzustandes erschweren oder verhindern, worauf ich keinen Einfluss habe?

MYTHOS #3

ES LIEGT AN DER JAHRESZEIT

Armeen von Schokonikoläusen werden in Supermärkten aufgefahren, Vorgärten werden mit lustigen Plastikrentieren und bunten LED-Knäueln geschmückt, und die geliebten Weihnachtsohrwürmer werden zum ununterbrochenen Hintergrundrauschen. Familien kommen Strickpulli tragend, Glühwein trinkend und vor Glückseligkeit seufzend unter einer prachtvoll geschmückten Nordmanntanne zusammen. Die Tage werden kurz, das mitteleuropäische Winterwetter (Nieselregen-Matsch) zieht ein, die Kindernasen laufen pausenlos, und die verhassten Weihnachtsohrwürmer werden zum ununterbrochenen Hintergrundrauschen. Familien kommen (viel zu viel) Alkohol trinkend, Streitgespräche austragend und alte Wunden aufreißend unter einem staubigen Plastikbäumchen zusammen.

Man kann sie lieben oder hassen, diese Jahreszeit ... Aber immer wieder ist in den Herbst- und Wintermonaten auch von Winterdepression und erhöhten Suizidraten, vor allem um die Feiertage, die Rede. Wenn man über die möglichen Gründe dafür nachdenkt, ist das nicht verwunderlich: Wenige

Sonnenstunden und schlechtes Wetter können die Stimmung schon einmal trüben. Durch den Lichtmangel wird das Schlafhormon Melatonin nicht nur nachts, sondern auch tagsüber vermehrt ausgeschüttet, was uns schlapp und lustlos machen kann. Dazu kommt das von Industrie und Medien bediente harmonische Familienbild zur Weihnachtszeit, das als schmerzhafter Kontrast erlebt werden kann, wenn man die Feiertage womöglich allein verbringt.

Doch reicht das alles aus, um uns (im klinischen Sinne) depressiv zu machen? Internationale Studien zeigen, dass Suizide in den Herbst- und Wintermonaten eher ab- als zunehmen (Yu et al., 2020). Gerade um die Weihnachtszeit sind Akutpsychiatrien meistens weniger überlaufen. Selbst wenn es die Depression mit saisonalem Verlauf tatsächlich gibt, so ist sie doch selten. Bei den meisten Depressionen, die im Winter auftreten, scheint es sich eher um »normale« Depressionen zu handeln, unter denen Menschen auch ganzjährlich leiden können. Dass Herbst und Winter automatisch depressiv machen, kann also damit infrage gestellt werden.

Von einer Depression (mit saisonalem Verlauf oder ohne) abzugrenzen ist allerdings der sogenannte Winterblues, der uns melancholisch stimmt, ohne dass die Kriterien einer Depression erfüllt sein müssen. Der Winterblues ist normalerweise nicht schwerwiegend und erfordert in der Regel keine spezifische Behandlung. Dennoch können verschiedene Bewältigungsstrategien dabei helfen, die Symptome zu lindern oder ihnen vorzubeugen. Wenn Sie wissen, dass Sie im Winter anfällig für Stimmungstiefs sind, dann sorgen Sie vor!

- Versuchen Sie, möglichst viel Sonnenlicht zu »tanken«. Der Lichteinfall auf die Augen ist das Signal an das Gehirn, weniger Melatonin auszuschütten. Dadurch werden wir weniger schläfrig.
- Bleiben Sie aktiv und verbringen Sie tagsüber, vor allem während der Mittagsstunden, so viel Zeit wie möglich draußen.
- Achten Sie etwas bewusster auf Ihre Ernährung und behalten Sie Ihren Alkoholkonsum im Auge (ja, auch in der Fondue- und Raclettesaison ist das nicht unmöglich!).
- Pflegen Sie soziale Kontakte. Wenn Ihnen bestimmte Personen guttun, versuchen Sie diese während der Wintermonate (noch) regelmäßiger zu sehen.
- Planen Sie im Voraus einige Highlights für die Winterzeit, vor allem in den Abendstunden. Besorgen Sie sich Karten für Konzerte, Theaterstücke oder Kunstausstellungen. Erkundigen Sie sich, welche Kinofilme demnächst anlaufen, oder planen Sie Restaurantbesuche. Stellen Sie sich ein Wellnessprogramm zusammen (Sauna, Massagen, Schaumbad, was auch immer Ihnen guttut). Legen Sie sich Bücher bereit oder wählen Sie Serien aus, für die Sie sich jetzt endlich Zeit nehmen wollen.
- Sie können sich nach den Möglichkeiten einer Lichttherapie (einer wirksamen Behandlung mit Lampen, die Tageslicht simulieren) erkundigen. Besprechen Sie dazu zunächst mögliche Kontraindikationen (zum Beispiel bei Augenproblemen oder der Einnahme verschiedener Medikamente) mit Ihrem Arzt oder Ihrer Ärztin.

- Wenn Sie die Weihnachtszeit lieben: super! Wenn Sie nichts mit Weihnachten am Hut haben: auch super! Lassen Sie sich in jedem Fall nicht vom Feiertagsstress anstecken. Kochen Sie ein Festtagsmenü für 20 Leute oder bestellen Sie eine Pizza, beides kann schön sein.
- Falls Sie denken, dass Sie unter Depressionen leiden könnten, sollten Sie nicht zögern, professionelle Hilfe in Anspruch zu nehmen.

Hüten Sie sich vor selbsterfüllenden Prophezeiungen, indem Sie nicht schon im Vorfeld eine Jahreszeit zur Depri-Zeit erklären. Entscheiden Sie einfach bewusst, die Herbst- und Wintertage (genauso wie eigentlich alle anderen Tage) so zu verbringen, dass es Ihnen möglichst gut geht.

ÜBUNG #3: DER POLAR-RUCKSACK

Wenn sich Ihre Stimmung in bestimmten Jahreszeiten verschlechtert, analysieren Sie, woran das genau liegt:

- Kann es sein, dass Ihnen in dieser Jahreszeit der Zugang zu bestimmten Ressourcen, also Aktivitäten und sozialen Kontakten, die Ihnen in der Regel guttun, wetterbedingt oder weil es weniger lang hell ist, verwehrt oder zumindest erschwert ist?
- Falls ja, listen Sie alle Ressourcen auf, die Ihnen in dieser Jahreszeit fehlen.
- Überlegen Sie für jede einzelne Ressource, was es bräuchte, um sie auch in anderen Jahreszeiten weiter nutzen zu können: wär-

mere Kleidung, Wärmepads, Kopflampen, Verlegung der gleichen Aktivität von drinnen nach draußen oder auf eine andere Tageszeit, virtuelle Umsetzungsmöglichkeiten?

› Für jede Aktivität, bei der Sie wirklich keine jahreszeitunabhängige Umsetzungsmöglichkeit erkennen, denken Sie sich eine passende Alternative aus. Falls eine sportliche Aktivität draußen ausfällt, wählen Sie zum Beispiel eine andere Sportaktivität aus, die drinnen möglich ist und ähnliche Bewegungsabläufe erfordert.
› Suchen Sie nach weiteren von der Jahreszeit unabhängigen Ideen, schreiben Sie zudem Aktivitäten auf, die Sie noch nie gemacht haben, aber von denen Sie sich vorstellen könnten, sie auszuprobieren.

Stellen Sie sich die so entstandene Liste als einen Rucksack voller Ressourcen vor, mit dem Sie für die kommende Eiszeit gewappnet sind.

MYTHOS #4

MÄNNER SIND DAS STÄRKERE GESCHLECHT

Statistisch gesehen ist die Wahrscheinlichkeit, an einer psychischen Störung zu erkranken, bei Männern viel geringer als bei Frauen. Doppelt so viele Frauen wie Männer scheinen zum Beispiel unter Depressionen und Angststörungen zu leiden (ESEMeD / MHEDEA 2000 Investigators, 2004). Damit steht doch wohl fest: Männer sind gesünder, resilienter und stärker als Frauen! Oder etwa doch nicht?

Dazu passt nämlich nicht, dass Substanzkonsumstörungen (wie beispielsweise Alkoholsucht) bei Männern viel häufiger auftreten als bei Frauen. Und auch die Tatsache, dass die Suizidrate bei Männern in Deutschland dreimal höher ausfällt, spricht doch wohl eine andere Sprache (Statistisches Bundesamt, 2023). Männer leiden also wahrscheinlich gar nicht weniger unter psychischen Problemen als Frauen, sondern greifen auf andere Bewältigungsstrategien zurück, die oft sogar noch viel selbstschädigender ausfallen.

Männer leben generell weniger gesundheitsbewusst als Frauen. Die männliche Bereitschaft zur allgemeinen Gesundheitsvorsorge scheint in den letzten Jahren zwar leicht gestiegen zu sein, sie hinkt der weiblichen jedoch immer noch deutlich hinterher (Prütz et al., 2021).

Vor allem im Bereich der psychischen Gesundheit greifen nach wie vor jene toxischen Männlichkeitsideale, die eigentlich längst für beendet erklärt wurden. Negative Gefühle zu haben oder zumindest darüber zu sprechen, scheint auch heute noch in den Köpfen vieler Männer (und Frauen) mit Schwäche assoziiert zu werden. Kulturelle Geschlechterstereotype verändern sich nur sehr langsam, und so scheint auch heute noch der Griff nach der Flasche sozial akzeptierter zu sein, als über Gefühle zu sprechen. Den Whiskey kippenden einsamen Cowboy oder den traumatisierten Polizisten auf Revenge-Trip sieht man auch heute in Filmen eher selten auf der Therapiecouch sitzen. Eine weibliche Fernsehprotagonistin, die sich ihren Freundinnen anvertraut, wenn es ihr nicht gut geht, wird von diesen getröstet und in den Arm genommen. Einer männlichen Figur wird allenfalls mit einem »Das wird schon«-Schulterklopfer begegnet oder mit einer Einladung zum Frustsaufen. Den Männern von heute und den Männern von morgen wird also weiterhin vorgelebt, dass über Gefühle zu sprechen »unmännlich« und höchstens bei drei Promille erlaubt ist.

Ein Grund, wieso (zumindest auf dem Papier) weniger Männer von psychischer Krankheit betroffen zu sein scheinen, liegt also ganz einfach darin, dass sie auch heute noch Gefühle eher verdrängen als Frauen und aus Scham oder Angst vor negativer Bewertung weniger oft Hilfe suchen.

Männer scheinen Gefühle zudem weniger gut verbalisieren zu können und bringen im Gespräch mit Ärzt*innen öfter körperliche Symptome zum Ausdruck, auch wenn der Schuh eigentlich woanders drückt. Selbst Ärzt*innen sind nicht immun gegenüber gesellschaftlichen Geschlechterstereotypen und können in der Symptomerhebung bei männlichen Patienten einen blinden Fleck für psychische Probleme haben. Auch dadurch werden psychische Störungen bei Männern, wenn überhaupt, oft erst sehr spät diagnostiziert.

Selbstverständlich ändert dies alles nichts an der Tatsache, dass Männer Gefühle haben (und zwar nicht nur Hunger und Durst). Und ja, auch Männer dürfen und sollen über psychische Gesundheit und Krankheit sprechen! Das heißt jetzt nicht, dass Männer Kuschelgruppen gründen sollen, in denen man sich gegenseitig die Tränen abtupft (erlaubt ist natürlich auch das!). Es geht darum, auf die eigene psychische Gesundheit zu achten und im Gespräch mit Partner*innen, Freund*innen, Familienangehörigen oder Hausärzt*innen auch mal auszudrücken, wenn es einem nicht so gut geht – und ja, bei anhaltenden Symptomen das zu tun, was man tun würde, wenn das Auto streikt und selbst mit dem eigenen Werkzeug nichts mehr zu bewegen ist: auf professionelle Hilfe zurückzugreifen.

Psychische Störungen sind richtige Krankheiten, die sowohl Frauen als auch Männer betreffen können und die in der Regel sehr gut behandelbar sind. Frühzeitige Hilfe in Anspruch zu nehmen kann schlimmere Verläufe verhindern und hat nichts mit Schwäche zu tun. Ganz im Gegenteil: Gerade dadurch werden Männer (und Frauen) gesünder, resilienter und auf diese Weise tatsächlich stärker!

ÜBUNG #4: WEIL ICH (K)EIN MÄDCHEN BIN

Viele Ansichten und Verhaltensmuster werden durch gesellschaftliche Stereotype beeinflusst und können zu verzerrten Denkweisen führen. Egal welchem Geschlecht Sie sich zugehörig fühlen oder mit welchem Geschlecht Sie sich identifizieren, kann es wertvoll sein, solche Verzerrungen aufzudecken.
In Situationen, in denen Sie unter unangenehmen Gefühlen leiden oder auf Verhaltensstrategien zurückgreifen, von denen Sie eigentlich wissen, dass sie Ihnen nicht guttun, stellen Sie sich bewusst die folgenden Fragen:

- Kann es sein, dass mein Denken, mein Empfinden oder mein Verhalten in diesem Moment auf gesellschaftliche und/oder eigene Erwartungen an meine Geschlechterrolle zurückzuführen ist?
- Kann ich diese Erwartungen hinterfragen? Kann ich sie vielleicht sogar als längst überholte Geschlechterstereotype identifizieren?
- Wie würde ich denken, fühlen, handeln, wenn ich mich davon befreien könnte?
- Inwiefern könnte es mir dadurch besser gehen?

MYTHOS #5

IN DEM ALTER IST DAS NORMAL

Jugendliche legen eine Null-Bock-Haltung an den Tag, sind launisch, ständig gereizt und ziehen sich wochenlang zum Zocken in ihr abgedunkeltes Zimmer zurück.
Menschen mittleren Alters wirken plötzlich wie ausgewechselt, handeln impulsiv und kaufen sich, um das Klischee vollends zu erfüllen, auch noch einen überteuerten Sportwagen.
Ältere Personen sind mürrisch, schlafen schlecht und klagen ständig über Gesundheitsprobleme und die undankbaren Enkel, die sich kaum mehr melden.
Pubertät. Midlife-Crisis. Seniorenalter. Da ist das doch alles normal!

Tatsächlich gehen bestimmte Lebensphasen mit bestimmten Herausforderungen einher. So ist die Pubertät eine Zeit der Entwicklung, in der körperliche, hormonelle und emotionale Veränderungen durchlaufen werden, die zu einer erhöhten Empfindlichkeit führen können. Jugendliche suchen nach Identität, entdecken ihre Unabhängigkeit und sind gleichzeitig mit Erwartungen seitens der Eltern und der Schule konfrontiert. Gelegentliche Stimmungsschwankungen, Unsicherheit oder Verwirrung erscheinen dabei schon fast selbstverständlich. Doch bereits im Jugendalter können übermäßige Reizbarkeit und Stimmungsverschlechterungen auf Depressionen, Angststörungen oder andere psychische Probleme hinweisen.

Das mittlere Erwachsenenalter kann eine Zeit der Selbstreflexion darstellen, in der über Lebensziele und Prioritäten nachgedacht wird. Oft ist es auch eine Zeit des Umbruchs, in der sich familiäre oder berufliche Verpflichtungen ändern. Diese Phase bringt Herausforderungen mit sich, in denen Unsicherheit, Selbstzweifel und Impulshandlungen bis zu einem bestimmten Grad als normal angesehen werden können. Es ist jedoch wichtig zu verstehen, dass hierbei andere Faktoren wie beruflicher Stress, psychische Belastung oder tiefgreifendere Lebensprobleme eine Rolle spielen.

Das hohe Alter wiederum ist mit bestimmten Entwicklungen verbunden, die sich negativ auf das Gemüt auswirken können. Es ist nachvollziehbar, dass der Verlust von geliebten Menschen, körperliche Einschränkungen, altersbedingte Krankheiten oder der Verlust von Autonomie Gefühle wie Angst, Traurigkeit und Einsamkeit auslösen. So ist es nur logisch, dass auch Menschen im hohen Alter an psychischen Krankheiten leiden können, die eine angepasste Behandlung benötigen.

Aufgrund eingebürgerter Vorstellungen davon, welche Reaktionen in welchen Lebensabschnitten als normal anzusehen sind, können gesundheitliche oder psychische Erkrankungen übersehen oder bagatellisiert werden. Je nach Alterskategorie heißt es dann: »Das ist normal in dem Alter. Da wächst man von selbst wieder raus«, »Das ist normal in dem Alter. Das ist nur eine Phase, die wieder vorübergeht«, »Das ist normal in dem Alter. Da kann man eh nichts mehr machen«. Durch mangelnde Information und Stigmatisierung wird oftmals keine angemessene professionelle Hilfe aufgesucht oder angeboten. Gerade im Seniorenalter werden dann schnell mit der Gießkanne Beruhigungs- und Schlafmittel verschrieben, frei nach dem Motto: »Jetzt keine schlafenden Hunde mehr wecken, das lohnt sich nicht mehr!« Schädliche Medikamentennebenwirkungen bis zur Abhängigkeit werden dabei leichtfertig in Kauf genommen und verschlechtern oft die Lebensqualität noch weiter.

Wenn Menschen unter Symptomen leiden, die vom Umfeld nicht ernst genommen, sondern lediglich als normale Alterserscheinungen abgetan werden, kann es passieren, dass sie sich zurückziehen, sich schämen oder gar selbst die Schuld geben. Dies führt wiederum zu Isolation, geringem Selbstwertgefühl und einer zusätzlichen Abnahme der Lebensqualität.

Tappen Sie also nicht in solche Klischeefallen. Nehmen Sie Ihre eigene psychische Gesundheit und die Ihrer Liebsten ernst. Jeder Mensch ist einzigartig und hat unterschiedliche genetische, soziale und körperliche Merkmale, die seine Gesundheit und sein Wohlbefinden beeinflussen. Das Alter allein sollte nicht als einziger Faktor betrachtet werden, um

Symptome oder Veränderungen des Gesundheitszustands zu bewerten. Es ist niemals zu früh oder zu spät, um auf die psychische Gesundheit zu achten und Maßnahmen zu ergreifen, um das Wohlbefinden zu fördern. Wenn wir uns aktiv um unsere psychische Gesundheit kümmern, können wir ein erfülltes und zufriedenes Leben in jedem Lebensabschnitt führen.

ÜBUNG #5: RESSOURCENAKTIVIERUNG FÜR JUNG UND ALT

Egal in welcher Lebensphase wir uns befinden, es sind immer die gleichen Komponenten, die unsere Gesundheit und unser Wohlbefinden stärken können, auch wenn sie je nach Lebenskapitel unterschiedliche Gestalt annehmen.

- Der Aufbau und die Pflege sozialer Kontakte sind von großer Bedeutung. Das kann bedeuten, regelmäßig Zeit mit Familie, Freund*innen oder Arbeitskolleg*innen zu verbringen, in Jugendvereinen, Nachbarschaftsinitiativen oder ehrenamtlichen Organisationen mitzuwirken, Austausch in Onlinecommunitys oder in Senior*innengruppen zu suchen.
- Regelmäßige körperliche Betätigung hat nicht nur positive Auswirkungen auf die physische, sondern auch auf die psychische Gesundheit. Engagieren Sie sich in Sportvereinen, suchen Sie nach der Sportart, die Ihnen Spaß macht, nutzen Sie niederschwellige und altersangepasste Bewegungsangebote oder erhöhen Sie ganz einfach Ihr wöchentliches Bewegungspensum.
- Die Praxis von Achtsamkeitsübungen, Meditation oder Entspan-

nungstechniken kann helfen, Stress abzubauen und das emotionale Wohlbefinden zu steigern. Planen Sie regelmäßige Pausen von Smartphone und Social Media, bauen Sie Minipausen in Ihren Alltag ein, nutzen Sie Entspannungs-Apps, folgen Sie thematischen YouTube-Kanälen oder Podcasts, erlernen Sie systematische Entspannungstechniken wie Autogenes Training oder Progressive Muskelrelaxation oder belegen Sie einen altersangepassten Yoga- oder Meditationskurs.

- Sollten psychische Belastungen anhalten und Sie in Ihrer Lebensqualität beeinträchtigen, sollten Sie nicht zögern, professionelle Hilfe in Anspruch zu nehmen, egal in welchem Alter. Hausärzt*innen, Kinderärzt*innen, Psychiater*innen, Schulpsycholog*innen, Kinder- und Jugendtherapeut*innen, Familientherapeut*innen, Erwachsenentherapeut*innen, Arbeitspsycholog*innen und Therapeut*innen mit geriatrischer Spezialisierung können angepasste Unterstützung anbieten. Dafür gibt es keine Altersgrenze.

MYTHOS #6

ERFOLG MACHT GLÜCKLICH

In Vorfreude auf den fetten Jahresbonus die Füße auf dem Mahagonischreibtisch ablegen und sich genüsslich eine Zigarre anzünden.
Im Designerkleid/-anzug über den roten Teppich gleiten, von Fans umschwärmt Autogramme geben und sich im Blitzlicht der Promifotografen sonnen.
Von der tobenden Menge angefeuert werden, zu körperlicher Hochleistung hochfahren und vor allen Mitstreiter*innen über die Ziellinie laufen.
Erfolg ist schon etwas Großartiges, oder?

Wenn wir uns Ziele setzen und diese erreichen, erfüllt uns das mit Stolz, und wir fühlen uns zufrieden. Der Erfolg kann uns zu mehr Selbstvertrauen verhelfen, unser Selbstwertgefühl boosten und die Motivation fördern, uns immer weiterzuentwickeln. Auf der ewigen Suche nach dem Lebensglück gilt das Streben nach Erfolg für viele Menschen als richtungsweisend. Doch ist es tatsächlich so – je erfolgreicher wir sind, desto glücklicher sind wir?

Studien zeigen, dass Glücks- und Zufriedenheitsgefühle,

die beispielsweise von beruflichem, finanziellem oder sportlichem Erfolg ausgelöst werden, ganz schnell verblassen können. Die Theorie der hedonistischen Tretmühle besagt, dass Menschen dazu neigen, sich an positive Ereignisse und Erfolge anzupassen und sich relativ schnell wieder auf ihr vorheriges Glücksniveau einzupendeln (Eysenck, 1990). Das bedeutet, dass der anfängliche Glücksboost oft nur vorübergehend ist. Neue und aufregende Ereignisse verlieren mit der Zeit ihren Reiz.

Unmittelbar nach einem Lottogewinn beispielsweise berichten die meisten Menschen von einem starken Anstieg des Glücksgefühls. Studien zeigen jedoch, dass sich die Glücksgefühle von Lottogewinner*innen im Laufe der Zeit normalisieren und wieder auf ihr ursprüngliches Niveau zurückkehren (Brickman et al., 1978).

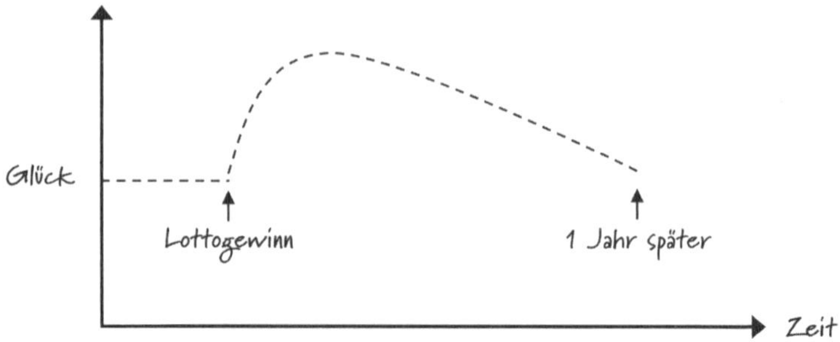

Obwohl ein Lottogewinn kurzfristig finanzielle Sicherheit und Komfort bieten kann, gehen mit dem plötzlichen Reichtum oft neue Herausforderungen und Probleme einher. Materieller Wohlstand an sich ist kein Glücksgarant, sondern hängt stark mit sozialen Vergleichsprozessen zusammen. Wenn Menschen das Gefühl haben, finanziell besser dazustehen als ihre Vergleichsgruppe, kann dies zu einem höheren Glücksniveau führen. Allerdings hat der ständige Vergleich mit finanziell erfolgreichen Menschen oft auch Unzufriedenheit und Frustration zur Folge (Anderson et al., 2012). Menschen, die ihren Selbstwert hauptsächlich durch materielle Besitztümer und soziale Vergleiche definieren, tendieren also dazu, weniger glücklich zu sein.

Auch bei Sportler*innen kann die Freude über den Gewinn einer Goldmedaille sehr schnell verblassen. Nach jahrelanger intensiver Vorbereitung und dem Erreichen des ultimativen Ziels kann ein Gefühl der Leere, des Verlusts oder der Orientierungslosigkeit eintreten. Um die emotionalen Schwierigkeiten zu beschreiben, mit denen sich einige Olympiateilnehmer*innen nach den Spielen konfrontiert sehen (Howells & Lucassen, 2018), hat sich der Begriff des »Post-Olympia-Blues« durchgesetzt.

Erfolg führt in manchen Fällen also paradoxerweise sogar zu Unzufriedenheit. Fast wie bei einer Droge sorgt er dafür, dass wir das Gefühl haben, immer mehr erreichen zu müssen, um uns gut zu fühlen. So kann es passieren, dass wir ständig dem nächsten Erfolgsrausch hinterherjagen, dabei aber versäumen, die gegenwärtigen Glücksmomente zu genießen.

Der Druck und die Belastungen, die mit dem Streben nach Erfolg und dessen Aufrechterhaltung einhergehen, können zu Stress, Burn-out und einem Gefühl der Leere führen. Wenn die Realität dann auch noch den Erwartungen hinterherhinkt, die an den vorgestellten Erfolg geknüpft wurden, kann dies eine tiefe Enttäuschung auslösen. So stellen manche Menschen trotz erreichter Ziele fest, dass sie immer noch unter den gleichen Unsicherheiten leiden wie zuvor. Da hat man zwar das Unidiplom, den fetten Gehaltsscheck oder den blauen Haken bei Instagram in der Tasche und hat trotzdem immer noch Muffensausen, wenn man vor Publikum sprechen soll. So leiden viele Überflieger*innen an dem sogenannten Impostor-Syndrom und haben das Gefühl, dass sie ihren Erfolg, ihre Fähigkeiten oder ihre Leistungen nicht verdient haben und jeden Moment als Betrüger*innen oder Hochstapler*innen entlarvt werden.

Streben nach Erfolg ist eine menschliche Eigenart, die uns immer schon motiviert und weitergebracht hat. Natürlich können und sollen wir uns freuen, wenn wir unsere Ziele erreichen und mit Anerkennung oder Wohlstand belohnt werden. Wenn das Erklimmen des Erfolgsgipfels allerdings zum einzigen Lebensinhalt wird, kann es ganz schön einsam da oben werden.

ÜBUNG #6: ZURÜCK IN DIE ZUKUNFT

Angelehnt an die therapeutische Technik der Zeitprojektion nach Lazarus (1971) schlage ich Ihnen eine Visualisierungsübung vor, bei der Sie sich vorstellen, in eine Zukunft zu reisen, in der Sie sich glücklich fühlen:

- Finden Sie einen ruhigen und ungestörten Ort. Schließen Sie die Augen und konzentrieren Sie sich auf Ihre Atmung.
- Stellen Sie sich vor, dass Sie an einen Zeitpunkt in der Zukunft reisen können, in dem Sie glücklich sind. Nehmen Sie sich Zeit, um sich selbst in dieser zukünftigen Realität zu sehen.
- Lassen Sie Ihre Sinne einfließen. Wie sieht Ihre Umgebung aus? Was hören Sie? Gibt es bestimmte Gerüche?
- Wer ist Teil Ihres Lebens? Welche Beziehungen haben Sie aufgebaut oder gestärkt? Erleben Sie die bedeutsamen Momente mit Ihren Liebsten.
- Welche Aktivitäten, Hobbys oder Leidenschaften füllen Ihr Leben aus? Was tun Sie regelmäßig, um Freude zu empfinden und sich selbst zu verwirklichen?
- Spüren Sie die Freude und Zufriedenheit, die von diesem zukünftigen Leben ausgehen. Erlauben Sie sich, diese positiven Gefühle in sich aufzunehmen.
- Reisen Sie dann in der Zeit zurück und öffnen Sie die Augen.

Wie viel hat das Glücksgefühl, das Sie in dieser idealen Zukunft verspürt haben, wirklich mit der Vorstellung von Erfolg zu tun? Was bräuchten Sie, um dieser Vorstellung einer idealen Zukunft bereits heute etwas näher zu kommen?

MYTHOS #7

SCHICKSALSSCHLÄGE MACHEN UNGLÜCKLICH

Das Leben kann manchmal ganz schön hinterhältig sein. Da denkt man sich nichts Böses, schlendert fröhlich pfeifend um die Ecke und wird aus dem Nichts von einem gehörigen Schlag ins Gesicht niedergeschmettert. Ein einziges Ereignis kann ausreichen, um unsere Welt ins Wanken zu bringen. Plötzliche Arbeitslosigkeit, eine Trennung, die Diagnose einer schweren Krankheit, ein schwerer Unfall oder der Verlust eines nahestehenden Menschen sorgen dafür, dass plötzlich nichts mehr so ist, wie es war. Schicksalsschläge sind einschneidende und oft unvorhergesehene Ereignisse, die das Leben einer Person dramatisch verändern oder beeinträchtigen können. Sie können uns den Boden unter den Füßen wegreißen, unser Leben auf den Kopf stellen und uns auf den ersten Blick sämtlicher Zukunftsperspektiven berauben.

Es scheint unvermeidbar, dass solche Ereignisse Trauer, Schmerz, Frustration und andere negative Emotionen auslösen. Niemand kann ernsthaft von sich behaupten, glücklich zu sein, wenn er gerade eine Hiobsbotschaft erhalten hat. Und doch ist es eine Tatsache, dass die Art und Weise, wie wir auf Schicksalsschläge reagieren, individuell sehr unterschiedlich sein kann. Manche Menschen gehen tatsächlich gestärkt aus einer persönlichen Krise hervor. Es gibt zahlreiche inspirierende Geschichten von Personen, die trotz großer Rückschläge einen Weg zum Glück gefunden haben:

- Formel-1-Rennfahrer Niki Lauda überlebte 1976 einen dramatischen Unfall, bei dem er schwere Verbrennungen erlitt. Trotz dieser traumatischen Erfahrung kehrte er bald darauf wieder in den Rennsport zurück und wurde später dreifacher Weltmeister.
- Bei Stephen Hawking wurde im Alter von 21 Jahren die degenerative Nervenerkrankung ALS (Amyotrophe Lateralsklerose) diagnostiziert. Obwohl seine Mobilität und Sprache im Laufe der Jahre stark eingeschränkt waren, setzte er seine bahnbrechende Arbeit in der theoretischen Physik fort.
- Die pakistanische Menschenrechtsaktivistin Malala Yousafzai wurde 2012 von den Taliban brutal angegriffen und schwer verletzt. Trotz dieser schrecklichen Erfahrung setzte sie sich weiter für das Recht auf Bildung für Mädchen ein und wurde zur jüngsten Nobelpreisträgerin aller Zeiten.

Studien belegen, dass Menschen, die nach einem Verkehrsunfall querschnittsgelähmt sind, sich kurz danach verständlicherweise als unglücklich erleben. Bereits ein Jahr später zeigt sich jedoch, dass sie im Mittel wieder genauso glücklich sind wie vor dem Unfall (Brickman et al., 1978).

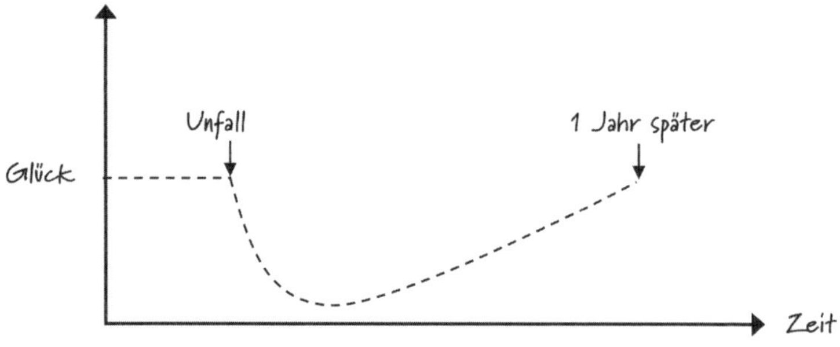

Es scheint also ein natürliches Gleichgewicht zu geben, das sich trotz schlimmster Schicksalsschläge wieder einstellen kann.

In Bezug auf die Finanzkrise wird in Managerinnen*fortbildungen und Analysen von Börsenexpert*innen immer wieder gerne das chinesische Wort für »Krise« (危机) angeführt. Wenn man die beiden Zeichen, aus denen sich dieses Wort zusammensetzt, einzeln betrachtet, dann bedeutet 危 »Gefahr« und 机 (frei übersetzt) »Gelegenheit«. Diese Interpretation dient der symbolischen Untermauerung der Aussage, dass Krisen zwar mit großen Gefahren verbunden sein können, aber trotzdem die Chance einer Wendung zum Positiven in sich tragen.

Wenn Sie aktuell in einer schlimmen Lebenskrise stecken, ist es sehr schwer, vielleicht sogar unmöglich, die Situation aus dieser hoffnungsvollen Perspektive zu betrachten. Wenn Ihnen in so einem Lebensmoment jemand dann auch noch erzählen möchte, dass das doch eine tolle Gelegenheit für einen Neuanfang ist, möchten Sie vielleicht zu Recht den Kopf schütteln.

Tatsächlich ist es meistens nicht sehr sinnvoll, in einer Lebenskrise sofort auf den Optimismus-Zug aufzuspringen. Vielleicht fühlt es sich so an, als hätte Ihnen das Leben gerade einen Stein in Ihren Teich geschmissen. Im ersten Moment ist der Boden aufgewühlt, und Sie können überhaupt nicht mehr auf den Grund sehen. Wenn Sie jetzt reinspringen würden, um nach dem Stein zu suchen, würden Sie den Boden nur noch weiter aufwühlen und in dieser trüben Suppe überhaupt nichts mehr erkennen können. Trotzdem wird der Boden sich irgendwann wieder setzen. Sobald Sie den Stein auf dem Grund wieder erkennen, werden Sie ihn herausholen können. Und wer weiß, wozu der Stein Ihnen nachher noch dienen kann. Im übertragenen Sinne heißt das, jede Krise geht vorbei, und danach werden Sie wieder klarer sehen können.

In eine Lebenslinie, die bei den meisten von uns durch gelegentliche Hochs und Tiefs geprägt ist, reißt ein Schicksalsschlag ein tiefes Loch. Es gibt keine Möglichkeit vorherzusagen, wo der Ausweg aus der Krise uns im Endeffekt hinführen wird. Es kann sein, dass wir zunächst unglücklich bleiben. Es ist aber auch durchaus möglich, dass wir nach der Krise wieder ein ähnliches Zufriedenheitsniveau erreichen wie zuvor. Und ja, es ist nicht ausgeschlossen, glücklicher aus der Krise hervorzutreten. Wie viel Glück die Zukunft bereithalten wird, ist also reine Spekulation.

Etwas Trost liefern kann aber die Erkenntnis, dass eine Lebenskrise ein abgeschlossenes Kapitel darstellt. So wie es sich anfühlt in der ersten Stunde, am ersten Tag, in der ersten Woche, vielleicht sogar noch im ersten Jahr, wird es nicht für immer bleiben.

ÜBUNG #7: EINEN GANG ZURÜCKSCHALTEN

Sollten Sie kürzlich einen Schicksalsschlag erlitten haben, dann erlauben Sie sich zunächst einmal, ratlos zu sein. Es geht nicht darum, das Glas sofort wieder halb voll zu sehen.

- Lassen Sie Gefühle zu, wenn Ihnen danach ist, egal wie negativ sie sein mögen.
- Erlauben Sie sich trotzdem, den Gefühlshahn immer wieder mal zuzudrehen und sich abzulenken.
- Achten Sie auf Ihre Grundbedürfnisse. Versuchen Sie, so gut es geht, sich gesund zu ernähren, genug zu trinken und regelmäßige Schlafzeiten einzuhalten. Sie können sich im Moment nicht erlauben, weitere Energie zu verlieren.
- Es gibt Menschen, die einem in Krisen guttun, und es gibt Menschen, die einem nicht guttun (selbst wenn alle es gut meinen). Erlauben Sie sich, Abstand zu nehmen von den Menschen, die Ihnen im Moment noch weitere Kraft rauben könnten.
- Bitten Sie bei Bekannten und Familie um Unterstützung und zögern Sie nicht, sich professionelle Hilfe zu suchen.
- Machen Sie in dieser Phase keine großen Pläne und treffen Sie wenn möglich keine weitreichenden Entscheidungen.
- Erlauben Sie sich, Tag für Tag zu planen, bis die Wellen etwas abebben und der Stein am Grund des Teichs wieder erkennbar wird.

- Vertrauen Sie darauf, dass es eine Zeit nach der Krise geben wird, auch wenn Sie jetzt noch nicht wissen können, wie diese aussehen wird.

MYTHOS #8

FRÜHER WAR ALLES BESSER

- Wo soll das alles nur hinführen?
- Also so was hätte es früher nicht gegeben!
- Jaja, damals war die Welt noch in Ordnung!
- Die Gesellschaft geht zugrunde und wir vor die Hunde!
- Auf die gute alte Zeit!
- Prost!

Ob am Stammtisch, in den sozialen Medien oder in den Tagesnachrichten, überall wird sich beklagt über die zunehmende Inkompetenz von Politiker*innen, die Respektlosigkeit der Jugend, die Zunahme von Abgestumpftheit und Gewalt, die weltweite Krisenstimmung oder den allgemeinen Sittenverfall der Gesellschaft. Dabei werden nostalgische Lobesreden auf Zeiten gehalten, in denen das Leben einfacher, sinnerfüllter, hoffnungsvoller, ja ... besser war. Populisten wie Donald Trump oder die Brexiteers im Vereinigten Königreich machten sich dies gekonnt zunutze und bauten ihre Wahlstrategie auf der Vision einer Rückkehr zu vergangener Größe auf.

Es ist eine Realität, dass sich die Welt rasant weiterentwickelt. Industrialisierung, Wirtschaftswachstum, eine steigende Kluft zwischen Arm und Reich, Klimawandel, Naturkatastrophen, Kriege, Flüchtlingskrisen und Pandemien verändern unsere Gesellschaft permanent. Alle scheinen sich einig zu sein: So schlimm wie heute war es noch nie!

Dabei hat der römische Redner Cicero bereits vor 2100 Jahren den Sittenverfall angeklagt: »O tempora, o mores!« – »O was für Zeiten, o was für Sitten!« (Bartels & Huber, 1986). Auch er war überzeugt davon, dass die Welt kurz vor dem Kollaps stand. Und wagt man einen historischen Rückblick, dann gab es immer wieder und in allen Epochen Stimmen, die die Welt aus den Fugen gleiten sahen und sich nach vergangenen Zeiten sehnten.

Wenn aber auch früher schon »früher alles besser« war, wann war es dann wirklich besser, und wann war es am besten? Als wir noch in Höhlen lebten und uns mit Keulen gegenseitig die Birne einschlugen? Die Zeiten, in die sich die meisten Deutschen zurücksehnen, sind einer Umfrage zufolge übrigens die 1980er-Jahre (Schmidt, 2016). War die Welt aber wirklich besser, als wir im Kalten Krieg und in ständiger Angst vor der nuklearen Apokalypse lebten?

Vielleicht kennen Sie diese nostalgische Haltung auch von Verwandten oder Bekannten vorheriger Generationen. Vielleicht nerven Sie Ihre Kinder selbst regelmäßig mit der »Früher war alles besser«-Leier. Doch wieso eigentlich?

Der Begriff der »rosigen Retrospektion« beschreibt das Phänomen, dass Menschen Erlebnisse wie Reisen oder Feste nachträglich positiver bewerten, als sie sie in der Situation selbst empfanden (Mitchell et al., 1997). Viele Menschen neigen dazu, die Vergangenheit durch eine rosarote Brille zu betrachten und sich nur an die positiven Aspekte zu erinnern. Negative Aspekte werden eher vergessen oder bagatellisiert. Dies verzerrt die Wahrnehmung der Vergangenheit und lässt sie besser erscheinen, als sie tatsächlich war. Der sogenannte *reminiscence bump* besteht darin, dass die meisten über 40-Jährigen generell mehr Erinnerungen an ihre Jugend und das frühe Erwachsenenalter haben als an die Zeit danach. Das Risiko nostalgischer Verklärung nimmt also mit dem Alter auch noch zu (Koppel & Rubin, 2016).

In seinem Buch *Aufklärung jetzt!* führt der Psychologe Steven Pinker zahlreiche statistisch unterlegte Argumente auf, um seine Hypothese zu verteidigen, laut der sich die Welt entgegen der allgemeinen Auffassung verbessert habe (Pinker, 2018). Viele Menschen geben an, überzeugt davon zu sein, dass es einen stetigen Anstieg von Gewaltverbrechen gibt. Die statistische Wirklichkeit widerspricht dem allerdings deutlich. Objektiv gesehen, haben sich Gesundheit, Lebenserwartung, Einkommen und Bildung in den vergangenen Jahrzehnten verbessert. Und das nicht nur in den reichen Industriestaaten, sondern auch in Schwellenländern und sogar in vielen besonders benachteiligten Regionen. Das Pro-Kopf-Einkommen hat sich zum Beispiel zwischen 1960 und 2010 in fast allen Ländern der Erde erhöht; vielerorts sogar verdreifacht. 800 Millionen Menschen leben weltweit in Armut. Diese Zahl ist extrem hoch, sie ist aber tatsächlich seit 1980 um über ein Drittel gesunken. Es gibt viele Bereiche (wie zum Beispiel technologischer Fortschritt oder Menschenrechte), in denen das heutige Leben objektiv gesehen besser ist als früher.

Die Welt unterliegt einem ständigen Wandel, und jede Generation kämpft mit einzigartigen Herausforderungen. Es ist unvermeidlich, dass sich die Gesellschaft im Laufe der Zeit verändert. Die rosige Retrospektion ist ein menschliches Phänomen, das aber den Fortschritt behindern und die Anpassungsfähigkeit einschränken kann.

Früher war sicherlich vieles gut, vieles aber auch nicht. Und heute ist sicherlich vieles schlecht, vieles aber auch nicht.

ÜBUNG #8: GEGENWARTSNOSTALGIE

Sammeln Sie Argumente dafür, dass Aspekte Ihres Lebens im Moment besser sind als in vergangenen Lebensphasen. Lassen Sie sich dabei sowohl von gesellschaftlichen wie auch individuellen Veränderungen inspirieren.

- In welchen Bereichen erleben Sie heute mehr Sicherheit und Kontrolle als früher?
- Gibt es Freiheiten und Möglichkeiten der Selbstbestimmung und Entfaltung, die Sie früher nicht hatten?
- Hat sich eventuell Ihre berufliche oder finanzielle Situation positiv entwickelt?
- Gibt es heute Verbesserungen bezüglich Ihrer Wohnsituation oder Ihrer allgemeinen Lebensbedingungen?

- Gibt es gesundheitliche Faktoren, die sich gebessert haben?
- Haben Sie vielleicht heute mehr Zugang zu Unterstützungs- und Hilfsmöglichkeiten?
- Gibt es technologische Entwicklungen, die Ihr Leben heute vereinfacht haben?
- Gibt es neue angenehme Aktivitäten, Hobbys oder Leidenschaften, denen Sie heute nachgehen?
- Gibt es Beziehungen zu Menschen, die Ihnen guttun, die Sie früher nicht hatten?

Bestimmt gibt es Aspekte Ihres Lebens, die sich verschlechtert haben. Es geht nicht darum, alles zu verherrlichen, sondern sich bewusst gegen die Verzerrung der rosigen Retrospektion zu schützen. Sollte sich in einem Stimmungsdown ein negativer Filter vor Ihre Wahrnehmung schieben, könnte Ihnen diese Liste bei der Korrektur helfen.

MYTHOS #9

RESILIENT WIRD MAN GEBOREN

Es gibt Menschen, die angesichts der schlimmsten Schicksalsschläge gefasst bleiben, während andere bei dem kleinsten Anflug von Stress zusammenbrechen. Die einen behalten selbst bei einer Naturkatastrophe ihren Ruhepuls und retten Kinder und Hunde aus den Trümmern, während andere einen Nervenzusammenbruch erleiden, wenn sie die ersten fünf Minuten vom *Tatort* verpassen.

Menschen unterscheiden sich zum Teil deutlich im Hinblick auf ihre Fähigkeit, mit herausfordernden Situationen umgehen zu können. Wir sind wohl ganz einfach aus unterschiedlichem Holz geschnitzt, oder etwas wissenschaftlicher ausgedrückt: Wir sind alle genetisch anders veranlagt. Ist das dann der Grund, wieso die einen Elitesoldat*innen und die anderen Yogalehrer*innen werden?

Es konnte nachgewiesen werden, dass einige Menschen von Natur aus bestimmte Fähigkeiten und Eigenschaften besitzen, die sie widerstandsfähiger gegenüber Stress und traumatischen Ereignissen machen. Auf dieser Grundlage könnte argumentiert werden, dass Resilienz durch genetische Veranlagung geprägt wird. Tatsächlich ist das aber nur ein ganz kleiner Teil der Wahrheit.

Resilienz bezieht sich auf die Fähigkeit eines Menschen, schwierige Lebenssituationen zu bewältigen, sich anzupassen und sich von Rückschlägen zu erholen. Studien zeigen, dass bereits in den ersten Lebensjahren liebevolle und stabile Beziehungen zu Eltern oder Betreuungspersonen sowie ein unterstützendes Umfeld eine wichtige Rolle bei der Entwicklung von Resilienz spielen (Werner, 1992). Im Laufe der Zeit können jedoch auch andere Faktoren wie Bildung, erweitertes soziales Umfeld und Zugang zu Ressourcen zur Resilienzförderung beitragen. Insgesamt zeigt die Forschung, dass Resilienz ein dynamischer Prozess ist, der sich im Laufe des Lebens entwickelt und durch eine Kombination von Faktoren beeinflusst wird.

Wenn in unserem Gencode also nicht schon programmiert ist, wie resilient wir später werden, dann bedeutet das, dass wir selbst Einfluss darauf nehmen können. Als Eltern, Lehrer*innen oder Jugendarbeiter*innen können Sie auf folgende Art und Weise aktiv dazu beisteuern, dass Kinder resilient aufwachsen:

- Schaffen Sie eine liebevolle und unterstützende Umgebung. Eine starke Bindung zu verlässlichen Bezugspersonen trägt maßgeblich zu einem guten Resilienzfundament bei.
- Helfen Sie Kindern dabei, soziale Kompetenzen und Empathie zu entwickeln, wodurch sie lernen, positive Beziehungen aufzubauen und Unterstützung zu suchen.

- Unterstützen Sie Kinder dabei, Probleme zu identifizieren, Lösungen zu finden und Entscheidungen zu treffen, um Herausforderungen bewältigen zu können.
- Ermutigen Sie Kinder, optimistisch zu sein und an sich selbst zu glauben. Loben Sie ihre Bemühungen und Erfolge und helfen Sie ihnen, aus Fehlern zu lernen.
- Helfen Sie Kindern, ihre Emotionen zu erkennen, zu verstehen und angemessen damit umzugehen, damit sie selbst in schwierigen Situationen ihre Gefühle regulieren können.
- Geben Sie Kindern die Möglichkeit, eigene Entscheidungen zu treffen und Verantwortung für ihr Handeln zu übernehmen, um ihre Selbstständigkeit zu fördern.

Auch wenn sie genetisch nicht die besten Karten ausgeteilt bekommen haben sollten, ist bei unseren Kindern also noch nicht Hopfen und Malz verloren!

Doch wie sieht es mit uns selbst aus? Was, wenn wir selbst nicht das große Glück hatten, unter Bedingungen aufzuwachsen, in denen sich Resilienz und andere Schutzfaktoren ausreichend ausbilden konnten? Können wir uns als Erwachsene noch resilient machen und dafür sorgen, dass wir resilient bleiben? Aktuelle Studien liefern Wirksamkeitsnachweise für Resilienz-Trainingsprogramme, die auf Inhalten der kognitiven Verhaltenstherapie und Achtsamkeit aufbauen (Joyce et al., 2018). Eine Reihe der Fähigkeiten, die zu Resilienz beitragen, können also durchaus erlernt werden.

Ihre Belastbarkeit wurde nicht schon bei Ihrer Geburt in Stein gemeißelt. Versuchen Sie, selbst dazu beizutragen, Ihre Resilienz zu stärken und zu erhalten. Das heißt ja nicht, dass Sie sofort Elitesoldat*in werden müssen. Auch (oder gerade?) Yogalehrer*innen sind oft sehr resilient.

ÜBUNG #9: DER WEG ZUR RESILIENZ

Der Leitfaden der American Psychological Association mit dem Titel *The Road to Resilience* führt insgesamt zehn Schritte zur eigenen Resilienzentwicklung auf (APA, 2014).

1. Fördern Sie soziale Kontakte: Pflegen Sie Beziehungen zu Freund*innen und Familie. Seien Sie für andere da und zögern Sie nicht, andere um Hilfe zu bitten und diese wirklich anzunehmen.
2. Sehen Sie Krisen nicht als unüberwindbare Probleme: Auch wenn wir einige Situastionen nicht ändern können, so können wir dennoch selbst bestimmen, wie wir damit umgehen.
3. Akzeptieren Sie Veränderungen: Wenn Sie es fertigbringen, das zu akzeptieren, was Sie nicht beeinflussen können, fällt es leichter, sich darauf zu konzentrieren, wie man aus den aktuellen Gegebenheiten das Beste machen kann.
4. Setzen Sie sich realistische Ziele: Arbeiten Sie Schritt für Schritt daran, sich Ihren Zielen anzunähern. Setzen Sie sich Zwischenziele und würdigen Sie jeden Meilenstein.
5. Handeln Sie mit Entschlossenheit: Krisen sollte man nicht einfach hinnehmen und darauf hoffen, dass sie bald vorbeiziehen. Set-

zen Sie sich, so gut es geht, zur Wehr und ergreifen Sie selbst Initiativen.

6. Sehen Sie Krisen als Gelegenheit der Selbstentwicklung: Versuchen Sie, aus schwierigen Situationen etwas über sich selbst zu lernen, um kommenden Situationen gestärkt entgegenzutreten und sich weiterentwickeln zu können.
7. Schätzen Sie sich selbst: Vertrauen Sie Ihren eigenen Fähigkeiten und Kompetenzen und bewahren Sie sich ein positives Selbstbild.
8. Bewahren Sie sich eine Langzeitperspektive: Verlieren Sie nicht den Blick auf das große Ganze. Betrachten Sie Situationen stets in ihrem jeweiligen Kontext.
9. Bewahren Sie sich einen gesunden Optimismus: Glauben Sie daran, dass gute Dinge passieren können. Konzentrieren Sie sich auf das, was Sie sich im Leben wünschen, und nicht auf das, wovor Sie sich fürchten.
10. Sorgen Sie für sich selbst. Achten Sie auf das, was Ihnen guttut. Halten Sie sich körperlich fit und tun Sie regelmäßig, was Ihnen Spaß macht und Sie entspannt.

Wenn Sie aktiv zu Ihrer Resilienzstärkung beitragen wollen, dann gehen Sie diese zehn Punkte von Zeit zu Zeit durch und denken Sie darüber nach, in welchen Bereichen eventuell noch Luft nach oben ist.

MYTHOS #10

WIR WISSEN SCHON, WAS UNS FEHLT

Sie wollen mit Ihrem Auto in den Urlaub fahren? Nichts leichter als das! Das Ziel einmal ins Navi eingegeben, den Tempomat auf 120 Kilometer pro Stunde eingestellt, die Fahrtrichtung fest im Blick – da kann doch eigentlich nichts mehr schiefgehen, oder?
Na ja, Sie könnten natürlich irgendwo in der Pampa stranden, wenn Ihnen der Sprit ausgeht, weil Sie nicht auf die Tankanzeige geachtet haben. Ihr Auto könnte auch verzweifelt versucht haben, Sie mit diversen Warnlichtern darauf aufmerksam zu machen, dass es dringend Öl oder Kühlflüssigkeit benötigt. Und der Geruch nach Verschmortem hätte Sie wahrscheinlich darauf hinweisen können, dass Sie die ganze Zeit schon mit angezogener Handbremse gefahren sind.

Selbst wenn wir eine mehr oder weniger konkrete Vorstellung davon haben, wo wir im Leben hinsteuern möchten, heißt das noch nicht, dass wir im Blick haben, was wir brauchen, um unser Ziel auch zu erreichen. Oftmals sind wir uns unserer eigenen Bedürfnisse nicht bewusst.

Ein Grund dafür kann sein, dass wir ganz einfach unaufmerksam oder abgelenkt sind. In unserem hektischen Alltag verlieren wir nicht selten den Kontakt zu uns selbst. Wir konzentrieren uns darauf, Aufgaben zu erledigen, Verpflichtungen nachzukommen und die Erwartungen anderer zu erfüllen. Dabei vergessen wir jedoch, dass wir genauso für unser eigenes Wohlbefinden und unsere eigene Zufriedenheit verantwortlich sind.

In der Gesellschaft, in der wir leben, werden wir zudem täglich von Politik, Werbeindustrie und sozialen Medien beeinflusst. Dabei wird sowohl breitflächig mit der Gießkanne als auch gezielt mithilfe von Marktforschung und Algorithmen an unsere Bedürfnisse appelliert. Uns wird suggeriert, dass wir bestimmte Sicherheiten, Konsummittel oder Lebensstile erlangen müssen, um glücklich zu sein. Gleichzeitig kann die Grenze zwischen den echten und den suggerierten Bedürfnissen verwischen. Habe ich das fünfte Paar weiße Sneaker wirklich gebraucht? Macht mich der jährliche Ballermann-Urlaub eigentlich glücklich? Sind es tatsächlich die Likes für das Schmollmund-Selfie vor dem Spiegel, die meinen Selbstwert ausmachen?

Unsere Bedürfnisse können auch schnell in Vergessenheit geraten, wenn wir uns angewöhnt haben, sie hinter diejenigen der anderen zu stellen. Gesellschaftliche Normen und kulturelle Erziehung vermitteln, dass es wichtig ist, fürsorglich und rücksichtsvoll gegenüber unseren Mitmenschen zu sein. Es wird als tugendhaft angesehen, sich um das Wohlergehen der anderen zu kümmern und ihre Bedürfnisse zu respektieren. Zuneigung und Liebe, genauso wie Verantwortung, Solidarität und Zugehörigkeit, können uns dazu verleiten, unsere eigenen Bedürfnisse zu vernachlässigen, wenn es um die wichtigsten Menschen in unserem Leben geht. Manchmal stellen wir unsere eigenen Bedürfnisse auch hintan, um Konflikte zu vermeiden oder nicht abgelehnt oder kritisiert zu werden.

Es ist also wichtig zu erkennen, dass wir oft nicht genau wissen, was uns fehlt, da wir abgelenkt und unaufmerksam sind. Zudem können unsere Bedürfnisse, Wünsche und Prioritäten sich im Laufe der Zeit entwickeln und verändern.

Insgesamt sollten wir uns bewusst machen, dass unsere eigenen Bedürfnisse wenigstens genauso wichtig sind wie die Bedürfnisse anderer. Selbstreflexion und Achtsamkeit können uns helfen, uns selbst besser kennenzulernen und zu verstehen, was wir wirklich brauchen, um ein sinnerfülltes Leben zu führen.

- Nehmen Sie sich also regelmäßig Zeit, um zu analysieren, welche Bedürfnisse aktuell in Ihrem Leben Aufmerksamkeit benötigen.
- Identifizieren Sie die wichtigsten Bedürfnisse und setzen Sie Prioritäten.
- Planen Sie konkrete Schritte, um unerfüllten Bedürfnissen Raum zu geben.
- Lernen Sie, Nein zu sagen, wenn Sie überlastet sind oder wenn Ihnen etwas nicht guttut.
- Manchmal kann es hilfreich sein, mit anderen über Ihre Bedürfnisse zu sprechen und Rat oder Hilfe anzunehmen.

Wer mit seinem Sportwagen mit 300 Sachen in Urlaub düsen will, muss halt öfter Tankpausen einplanen. Wer stattdessen mit seiner Familienkutsche eher gemütlich unterwegs ist, kommt da mit einem Tank schon weiter. Beides ist okay, solange die Spritanzeige im Blick behalten wird.

ÜBUNG #10: DAS BEDÜRFNISBAROMETER

Angelehnt an das Modell der Bedürfnispyramide nach Maslow (1943) schlage ich Ihnen folgendes Instrument zur Selbstanalyse vor:

- Evaluieren Sie, wie wichtig Ihnen die jeweiligen Bedürfnisse sind und wie gut Sie aktuell damit umgehen. Wenden Sie sich denjenigen Bedürfnissen, die Ihnen wichtig sind, aber aktuell nicht erfüllt werden, in nächster Zeit verstärkt zu.

	Wichtigkeit			Erfüllung		
Physiologische Bedürfnisse	–	–/+	+	–	–/+	+
Gesunde Ernährung						
Körperliche Betätigung						
An der frischen Luft sein						
Schlaf						
Sexualität						
Sicherheitsbedürfnisse	–	–/+	+	–	–/+	+
Schutz vor Gefahren						
Sichere Arbeitssituation						
Finanzielle Sicherheit						
Angenehme Wohnsituation						
Ordnung						

	Wichtigkeit			Erfüllung		
Soziale Bedürfnisse	–	–/+	+	–	–/+	+
Familie						
Liebe						
Freundschaft						
Zugehörigkeit zu einer Gruppe						
Sozialer Austausch						
Individualbedürfnisse	–	–/+	+	–	–/+	+
Wertschätzung						
Vertrauen						
Selbstbestätigung						
Erfolg						
Unabhängigkeit und Freiheit						
Selbstverwirklichung	–	–/+	+	–	–/+	+
Kreativität						
Persönlichkeitsentwicklung						
Entfaltung von Talenten						
Das Leben frei gestalten können						
Sinnhaftigkeit des Lebens						

Ich kann freilich nicht sagen, ob es besser werden wird, wenn es anders wird; aber so viel kann ich sagen, es muss anders werden, wenn es gut werden soll.
– Georg Christoph Lichtenberg

Alte Werte sind spätestens dann zu hinterfragen, wenn man sie nur noch bewahren kann, indem man auf ihnen beharrt.
– Henriette Hanke

wo kämen wir hin / wenn alle sagten /
wo kämen wir hin / und niemand ginge /
um einmal zu schauen / wohin man käme /
wenn man ginge.
– Kurt Marti

MYTHEN ÜBER GESELLSCHAFTLICHE NORMEN

MYTHOS #11

ERST DIE ARBEIT, DANN DAS VERGNÜGEN

Sie ist das Erste, woran Sie denken, wenn Sie aufwachen, und das Letzte, an das Sie denken, bevor Sie einschlafen? Sie vernachlässigen Ihre sozialen Kontakte und Hobbys für sie? Sie checken immer wieder Ihr Handy auf neue Nachrichten von ihr – auch schon mal heimlich, wenn Sie gerade Zeit mit Partner*in oder Familie verbringen? Sie lieben sie und kriegen einfach nicht genug von ihr? Sie sind vielleicht sogar süchtig nach ihr? Nach ... Ihrer Arbeit?

Es gibt verschiedene Gründe, wieso Menschen arbeitssüchtig werden. In unserer Gesellschaft genießen Arbeit und Leistung einen sehr hohen Stellenwert. Kinder, die in der Schule oder auf dem Sportplatz mehr abliefern als ihre Altersgenossen, erhalten von Erwachsenen mehr Lob, materielle Belohnungen oder Wertschätzung als die anderen. Bereits in der Kindheit wird die Devise einverleibt: Anerkennung gibt es im Austausch gegen Leistung!

Obendrein werden Leistungsideale in den Medien und in der Öffentlichkeit hochgehalten. Politiker*innen und Manager*innen werden dann eher positiv porträtiert, wenn es darum geht zu zeigen, wie viel sie arbeiten. Werden sie aber im Urlaub oder bei Freizeitaktivitäten gezeigt, geschieht dies oft in einem negativen Licht. Die Welt kriselt, und die fahren eine Woche mit der Familie ans Meer? Ja, schämen die sich nicht?!

Angesichts der angespannten wirtschaftlichen Lage fürchten viele Menschen um ihre Zukunft und stürzen sich in die Arbeit, um sich für den Arbeitgeber unersetzlich zu machen. Der Arbeitsplatz kann aber auch zum Rückzugsort werden, wenn man vermeidet, sich mit Konflikten auseinanderzusetzen, oder einen Mangel an Hobbys und Interessen kompensiert.

Arbeitenden wird zudem eine immer höhere Erreichbarkeit abverlangt. Für viele ist es selbstverständlich, dass die Arbeit mit nach Hause genommen wird und berufliche Mails noch nach Feierabend, am Wochenende, im Urlaub unter der Palme oder auf der Toilette beantwortet werden.

Workaholics sind oft Perfektionist*innen, die hohe Ansprüche an sich selbst und an andere stellen. Ihr ausgeprägtes Kontrollbedürfnis erschwert es ihnen, Aufgaben abzugeben oder zu delegieren. Sie entwickeln eine zwanghafte Fixierung auf die Arbeit, die krankhafte Ausmaße erreichen kann.

Arbeitssucht kann zu Kopfschmerzen, Magen-Darm-Beschwerden oder Herz-Kreislauf-Erkrankungen führen. Betroffene können Depressionen, Schlafprobleme oder Suchterkrankungen entwickeln, wenn sie zum Beispiel zu Alkohol oder Aufputschmitteln greifen. Im Japanischen gibt es sogar ein Wort für den »Tod durch Überarbeitung«: *Karoshi*.

Um der Arbeitssucht und ihren gesundheitlichen Risiken vorzubeugen, können Sie folgende Strategien beherzigen:

- Gehen Sie regelmäßigen Arbeitszeiten nach. Für manche Berufsgruppen kann dies sehr schwer zu bewerkstelligen sein. Gerade hier wäre es aber wertvoll, sich wenn möglich einen festen Rahmen zu geben.
- Genauso wichtig wie geplante Arbeitszeit ist geplante Pausenzeit. Benutzen Sie Erinnerungshilfen, um regelmäßig kleine Pausen einzuplanen.
- Trennen Sie den Arbeitskontext so deutlich wie möglich von Ihrem Privatleben. Benutzen Sie zum Beispiel ein Arbeitshandy oder einen professionellen Mailaccount, auf welchen Sie nur in den Arbeitszeiten Zugriff haben.
- Bringen Sie keine Arbeit mit nach Hause. Auch Arbeitsunterlagen, Arbeitskleidung und andere Gegenstände, die Sie mit Arbeit assoziieren, gehören nicht in Ihren privaten Rückzugsort. Verstauen Sie alles, was Sie mit Arbeit verbinden, am besten außerhalb Ihres Blickfeldes.
- Informieren Sie sich über Ihre Rechte als Arbeitnehmer*in und lernen Sie, Nein zu sagen zu häufigen Überstunden und unbegrenzter Erreichbarkeit.
- Gewöhnen Sie sich an, Aufgaben zu delegieren, selbst wenn es Ihnen schwerfällt, Kontrolle abzugeben.
- Achten Sie auf eine gesunde Work-Life-Balance. Pflegen Sie aktiv soziale Kontakte und gehen Sie regelmäßig Hobbys, Interessen und sportlichen Aktivitäten nach.
- Beschäftigen Sie sich mit Entspannungstechniken.

- Wenn Sie sich überlastet fühlen, sprechen Sie mit Ihren Vorgesetzten oder der Personalvertretung darüber.
- Sprechen Sie Ihren Hausarzt oder Ihre Hausärztin an und lassen Sie sich auf Frühwarnzeichen wie hohen Blutdruck untersuchen. Bei psychischer Belastung kann eine Überweisung an eine Fachkraft empfohlen sein.

Wenn Sie Ihre Arbeit mögen (oder vielleicht sogar lieben), dann ist das super! Aber keine Liebe sollte krank machen.

ÜBUNG #11: DIE POMODORO-TECHNIK

Die Pomodoro-Technik nach Francesco Cirillo (2018) ist eine wirksame Methode des Zeitmanagements, die einerseits die Arbeitseffizienz verbessern soll und andererseits dafür sorgt, dass wir uns an festgelegte Pausen halten. Die Technik verwendet einen einfachen Timer, um Arbeitseinheiten in Intervallen von 25 Minuten mit kurzen Pausen dazwischen zu organisieren.

- Schalten Sie alle Ablenkungsquellen aus.
- Stellen Sie einen Timer auf 25 Minuten ein (Nutzen Sie etwa die Zeituhrfunktion auf Ihrem Handy oder eine Pomodoro-App).
- Beginnen Sie die Arbeit an Ihrer Aufgabe, sobald der Timer läuft.
- Arbeiten Sie ununterbrochen und bleiben Sie auf das Ziel der Aufgabe konzentriert.
- Sobald der Timer abgelaufen ist, machen Sie eine kurze Pause von 5 Minuten. Stehen Sie auf, bewegen Sie sich, dehnen Sie sich oder machen Sie etwas, was Sie entspannt.

- Nach der kurzen Pause stellen Sie den Timer erneut auf 25 Minuten ein und beginnen einen weiteren Pomodoro-Arbeitsblock. Führen Sie diesen Zyklus aus Arbeit (25 Minuten) und Pause (5 Minuten) für insgesamt vier Pomodoro-Einheiten durch.
- Nach vier Pomodoro-Einheiten legen Sie eine längere Pause von 15 bis 30 Minuten ein, in der Sie sich bestmöglich entspannen.
- Wenn Sie nach der langen Pause weiterarbeiten möchten, beginnen Sie den Zyklus erneut.

Die Pomodoro-Technik hilft, das Zeitmanagement zu verbessern, die Konzentration zu steigern und die Produktivität zu erhöhen, indem sie die Arbeit in kleine, gut strukturierte Intervalle unterteilt und regelmäßige Pausen für Erholung und Entspannung einplant. Sie können diese Technik natürlich auch an Ihre persönlichen Bedürfnisse anpassen und andere Zeitintervalle austesten.

MYTHOS #12

EIGENLOB STINKT

»Niemand ist erfolgreicher als ich.«

»Ich bin sehr gebildet. Ich kenne Wörter. Ich habe die besten Wörter.«

»Ich bin ein sehr stabiles Genie.«

Diese (und unzählige andere) Zitate des ehemaligen US-Präsidenten Donald Trump sind wahrscheinlich das beste Beispiel dafür, dass Eigenlob oft nicht nach Rosen duftet, sondern eher nach einer Mischung aus französischem Schimmelkäse und verschwitzten Sportsocken.

In unserer Erziehung und Sozialisierung haben die meisten von uns verinnerlicht, dass Selbstlob als überheblich und arrogant bewertet wird. Stattdessen haben wir gelernt, uns an gesellschaftlichen Werten wie Bescheidenheit und Bodenständigkeit zu orientieren. Vielleicht haben wir als Kind zu wenig Lob von unseren Eltern erhalten oder wurden für Selbstlob getadelt, sodass wir abgespeichert haben, dass wir uns selbst nicht zu ernst nehmen dürfen. Bewusst oder unbewusst hüten wir uns davor, uns zu sehr ins positive Licht zu stellen, um nicht als selbstverliebte Prahler*innen gesehen zu werden.

Anerkennung akzeptieren wir, wenn überhaupt, eher, wenn sie von anderen Personen kommt als von uns selbst. Dabei haben Selbst- und Fremdlob eine ganz andere Wirkung auf unser Selbstwertgefühl. Wenn wir von anderen Menschen Lob, positive Rückmeldungen oder Komplimente erhalten, können wir uns glücklich und bestätigt fühlen. Die Befriedigung unseres Geltungsbedürfnisses durch externes Lob hält allerdings meistens nicht sehr lange an. Schnell sehnen wir uns nach weiterer äußerer Anerkennung. Dieser Wunsch kann sich zu einer regelrechten Sucht entwickeln. Eine langfristige Erfüllung unserer Bedürfnisse ist auf diese Weise nur sehr schwer zu erreichen.

Regelmäßiges, angebrachtes Eigenlob und authentischer Stolz sind wichtige Quellen für Selbstvertrauen und Wohlbefinden, die erlauben, sich aus der Abhängigkeit von der Anerkennung anderer Menschen zu befreien. Durch angebrachtes Selbstlob kann eine Person ihre eigene Motivation steigern. Indem sie sich selbst anerkennt und für Teilerfolge belohnt, fühlt sie sich bestärkt, weiterhin hart zu arbeiten und sich selbst zu verbessern. Eine Person, die sich nicht verbietet, eigene Erfolge und Fähigkeiten auf angemessene Weise nach außen zu tragen, muss nicht zwangsweise einen negativen Eindruck hinterlassen, sondern kann im Gegenteil von ihren Mitmenschen sogar als selbstbewusst und authentisch empfunden werden.

Eigenlob sollte natürlich nicht als Ersatz für konstruktive Selbstkritik dienen, sondern als Ergänzung dazu. Eine gesunde Balance aus Selbstkritik und Eigenlob kann uns unsere Stärken und Schwächen bewusst machen. Die Kunst der Selbstkritik beherrschen viele Menschen bereits tadellos. Sie analysieren ihre Schwächen und Fehler sehr genau und betrachten selbst die kleinsten Missgeschicke und Mängel durch eine kritische Lupe. Was das Eigenlob angeht, gibt es bei den meisten von uns aber wahrscheinlich noch viel Luft nach oben. Eigenlob können wir trainieren, indem wir uns konkret auf bestimmte Situationen beziehen und uns unmittelbar nach einer Leistung selbst loben.

Das heißt nicht, dass wir alle zum nächsten Donald Trump mutieren sollen (bitte nicht!), aber etwas angebrachtes Eigenlob riecht manchmal gar nicht mal so schlecht.

ÜBUNG #12: DER KOMPLIMENTE-SPIEGEL

Es gibt viele Gründe, wieso es uns schwerfallen kann, uns selbst zu loben, obwohl wir nicht davor zurückschrecken, uns für den kleinsten Fehler zu geißeln. Tatsächlich können wir uns die Fähigkeit des angebrachten Eigenlobs jedoch antrainieren.

- Üben Sie täglich, indem Sie sich vor dem Spiegel für etwas loben.
- Es kann sich dabei um ein Kompliment für etwas handeln, das Ihnen heute gut gelungen ist, sich auf etwas beziehen, das Sie

gemeistert haben, obwohl es Ihnen anfangs schwergefallen ist, oder für ein Verhalten oder eine Eigenschaft stehen, die Sie allgemein lobenswert an sich finden.

- Es muss sich dabei nicht immer um etwas Weltbewegendes handeln, loben Sie sich für kleine Teilerfolge oder Verhaltensweisen, die Sie als positiv empfinden.
- Wichtig ist, dass es sich dabei um glaubhafte Komplimente handelt.
- Da es uns schwerfallen kann einzuschätzen, ob ein Lob bei uns selbst objektiv gesehen angebracht ist, stellen Sie sich die Frage, ob Sie andere Personen für das gleiche Verhalten aufrichtig loben könnten.

Wie bei jedem Lerneffekt geht es auch hier darum, ein neues Verhalten regelmäßig einzuüben. Dabei ist zu erwarten, dass sich das Verhalten anfangs nicht natürlich anfühlt und vielleicht sogar etwas Überwindung kostet. Mit der Zeit wird es aber immer leichter und zu einer neuen Gewohnheit werden.

MYTHOS #13

ICH DARF NICHTS VERPASSEN

In dem Moment, in dem Sie das jetzt gerade lesen, passieren weltweit unzählige Ereignisse. Vielleicht wird gerade jetzt auf einer Pressekonferenz der Zusammenbruch der Weltwirtschaft oder die Entdeckung eines Krebsheilmittels verkündet. Vielleicht ereignet sich in Europa gerade ein katastrophaler Atomunfall oder Helene Fischer veröffentlicht ein neues Album. Und Sie bekommen das nicht mit, weil Sie gerade dieses Buch lesen!
Sie könnten auch selbst gerade viele andere Dinge tun und erleben, zum Beispiel den Signature-Cocktail in der neuen In-Bar schlürfen, sich den neuesten Film im Kino ansehen, über dessen überraschende Schlussszene bereits jeder redet, im Schlussverkauf die besten Schnäppchen ergattern oder bei der Yogagruppe im Stadtpark mitmachen, bei der immer alle so ausgeglichen und zufrieden wirken. Aber Sie sitzen hier allein und lesen dieses Buch!

Wir sind es gewohnt, dass Informationen überall und jederzeit verfügbar sind. Dabei kann schnell die Erwartung entstehen, immer auf dem neuesten Stand sein zu müssen, die aktuellen Ereignisse und Nachrichten, Entwicklungen in Technologie und Wissenschaft oder Trends in Kultur, Mode und Unterhaltung auf dem Schirm zu haben. Das ständige Verfolgen von Neuigkeiten nimmt viel Zeit in Anspruch, die anderweitig für persönliche Interessen, Arbeit, Familie oder Entspannung genutzt werden könnte.

Die ununterbrochene Sorge, etwas Wichtiges zu verpassen, kann Stress auslösen und das allgemeine Wohlbefinden beeinträchtigen. Wenn die Nachrichten, die man verfolgt, auch noch Weltuntergangsstimmung verbreiten, macht das das Ganze nicht besser. Evolutionsbiologisch gesehen wurde in unserer DNA abgespeichert, dass es wichtiger ist, auf mögliche Gefahrenhinweise zu achten als auf die schönen Dinge des Lebens, wenn wir als Spezies überleben wollen. Viele Menschen neigen daher dazu, sich mehr für dramatische oder schockierende Ereignisse zu interessieren als für gute Nachrichten. Die Berichterstattung und die sozialen Medien machen sich dies zunutze und stellen negative Inhalte oft überrepräsentiert dar. Besteht auch nur ansatzweise eine Tendenz, sich solchen Nachrichten zuzuwenden, können Social-Media-Algorithmen den Eindruck weiter verstärken, dass die Welt nur noch von Krankheit, Krieg und Krisen bestimmt wird. Der recht neue Begriff »Doomscrolling« bezieht sich auf das unaufhörliche Blättern/Zappen/Scrollen durch negative oder beunruhigende Nachrichten, Artikel oder Social-Media-Beiträge, das durch den permanenten Zugang zu Informationen möglich geworden ist. Die ständige Exposition gegenüber negativen Inhalten kann zu Angstzuständen und

Schlafstörungen führen sowie die Stimmung negativ beeinflussen.

Durch die permanente Zurschaustellung der Erlebnisse anderer Menschen in den sozialen Medien werden wir zudem zu sozialen Vergleichen verleitet, die das Gefühl auslösen können, dass wir nicht genug erleben oder erreichen, um mit anderen mithalten zu können. Das Kürzel FOMO steht für *Fear of Missing Out*, was auf Deutsch so viel bedeutet wie die »Angst, etwas zu verpassen«. Es beschreibt ein emotionales Phänomen, bei dem die Sorge im Vordergrund steht, dass andere Menschen aufregendere oder bedeutungsvollere Erfahrungen machen, von denen wir selbst ausgeschlossen sind (Gupta & Sharma, 2021). Dies kann zu einem Gefühl der Unzulänglichkeit führen.

Zweifelsohne ist es wichtig, informiert zu sein und mit den grundlegenden Entwicklungen in der Welt Schritt zu halten, besonders wenn sie Auswirkungen auf das eigene Leben haben könnten. Selbst der soziale Vergleich mit anderen hat seine Berechtigung, da er uns inspirieren und motivieren kann. Allerdings ist es genauso sinnvoll, sich auch mal zu erlauben abzuschalten.

Um Doomscrolling und FOMO vorzubeugen, können folgende Strategien hilfreich sein:

- Achten Sie darauf, wie Sie sich fühlen, wenn Sie Nachrichten oder soziale Medien verfolgen. Versuchen Sie, bewusst einzuschätzen, wie viel Medienkonsum Sie sich zumuten können, ohne Ihr Wohlbefinden zu belasten.
- Wählen Sie sorgfältig aus, welchen Quellen Sie folgen

möchten, um sicherzustellen, dass Sie zuverlässige und relevante Informationen erhalten.

- Schalten Sie Push-Benachrichtigungen ab.
- Setzen Sie sich feste Zeiten, in denen Sie Nachrichten verfolgen, und halten Sie sich daran.
- Nehmen Sie sich bewusst Pausen von digitalen Geräten, um sich zu erholen und sich auf das Hier und Jetzt zu konzentrieren.
- Konzentrieren Sie sich auf Ihre eigenen Interessen, Werte und Ziele und lernen Sie, sich nicht zu sehr von den Aktivitäten anderer beeinflussen zu lassen.

Insgesamt ist es wichtig, sich bewusst zu sein, dass man sich nicht ständig auf dem Laufenden halten muss, um ein erfülltes und glückliches Leben zu führen. Finden Sie die richtige Balance zwischen Information und persönlichem Wohlbefinden, um Ihre Zeit und Energie auf die Dinge zu konzentrieren, die Ihnen wirklich wichtig sind.

Und ja, lesen Sie doch jetzt einfach dieses Buch. Die Welt wird auch kurz ohne Sie auskommen!

ÜBUNG #13: DAS FUNKLOCH

Wenn Sie merken, dass Ihr digitaler Informationskonsum Ausmaße angenommen hat, die Ihnen nicht mehr guttun, können Sie versuchen, ihn bewusst zu reduzieren. Da es aber sehr schwer sein kann, der Versuchung zu widerstehen, mal kurz aufs Handy zu schauen, wird es wirkungsvoller sein, sich den Zugang dazu zu erschweren. Eine Möglichkeit ist hier die Einrichtung handyfreier Zonen und/oder Zeiten.

- Überlegen Sie, an welchen Orten, in welchen Situationen und zu welchen Gelegenheiten Sie sich weniger in den Mediensog ziehen lassen wollen (während der Mahlzeiten? Wenn Sie mit Ihren Kindern spielen? Wenn Sie sich bewusst auf etwas konzentrieren wollen?).
- Wenn Sie bei sich zu Hause zum Beispiel nur noch in bestimmten Räumen Ihr Handy benutzen wollen, dann gewöhnen Sie sich an, es zurückzulassen, wenn Sie einen anderen Raum betreten. Handyverbotssticker auf den Türen oder eine Ablage für Ihr Handy neben der Tür können Ihnen als Erinnerungshilfen dienen.
- Eine einprogrammierte tägliche Erinnerung kann Sie dazu einladen, Ihr Handy zu einer bestimmten Zeit abzuschalten oder auf Flugzeugmodus zu setzen. Genauso lässt sich der Internetzugang auf bestimmte Zeitfenster begrenzen oder Sie legen ein Maximum an Screen-Zeit fest.

MYTHOS #14

KEIN ALKOHOL IST AUCH KEINE LÖSUNG

Wenn die beschwipste Saison der Weihnachtsfeiern, Glühweinstände und Familienfeste zu Ende geht, wird spätestens nach dem letzten Glas Silvestersekt vielerorts der gute Vorsatz gefasst, im neuen Jahr doch endlich mal den Alkoholkonsum etwas zurückzufahren. Je nach Intensität des Neujahrskaters wird manch eine/r sich am ersten Januar vielleicht sogar reumütig vornehmen, nie, nie, NIE! wieder einen Tropfen Alkohol anzurühren.

So entschlusskräftig solche Vorsätze auch geäußert werden, so schnell geraten sie wieder in Vergessenheit, wenn kurz darauf auf Neujahrsempfängen auf das neue Jahr angestoßen wird. Dabei gäbe es, wenn wir jetzt mal ganz ehrlich wären, genug Gründe, den gesellschaftlichen (und den eigenen) Alkoholkonsum kritisch zu hinterfragen. Alkoholkonsum gilt zum Beispiel als wichtiger Risikofaktor für Herzerkrankungen und Krebs und wird als eine der häufigsten vermeidbaren Todesursachen und als einer der wichtigsten Auslöser für Verkehrsunfälle angeführt.

Doch wie viel Alkohol ist denn jetzt okay? Das berüchtigte

Glas Rotwein am Tag, das sogar gesundheitsförderlich sein soll, hat sich leider längst als Mythos entpuppt und wird wohl eher von den Ärzt*innen weiterhin empfohlen, die selbst am wenigsten darauf verzichten möchten. Denn die unbequeme Wahrheit lautet, dass es keinen risikofreien Alkoholkonsum gibt. So erhöht selbst ein Glas Bier oder Wein am Tag bereits das Risiko, an Krebs zu erkranken (WHO, 2023).

Wenn man jetzt aber zu der überwiegenden Mehrzahl der Personen gehört, die Alkohol trinken und eigentlich auch nicht vorhaben, daran etwas zu ändern, ist das natürlich ziemlich doof. Zum Glück gibt es Empfehlungen für einen risikoarmen Konsum, an denen man sich orientieren kann (Kiefer et al., 2021):

- Für Frauen wird vorgeschlagen, maximal ein Standardglas (0,3 l Bier, 0,125 l Wein, 0,1 l Sekt oder 4 cl Schnaps) pro Tag zu trinken, für Männer sind es maximal zwei Standardgläser.

- An mindestens zwei Tagen pro Woche sollte kein Alkohol getrunken werden.

Vor Kurzem wurden allerdings auch diese Empfehlungen von der Deutschen Hauptstelle für Suchtfragen infrage gestellt und durch die folgende Empfehlung ersetzt: »Alkoholkonsum sollte von jeder Person reduziert werden, unabhängig davon, wie viel sie trinkt« (DHS, 2023). In der Schwangerschaft, während der Stillzeit, am Arbeitsplatz, in der Schule, beim Sport und im Straßenverkehr sollte immer auf Alkohol verzichtet werden.

Wenn Sie sich vornehmen wollen, Ihren Alkoholkonsum zu reduzieren oder bewusster zu gestalten, können folgende Strategien hilfreich sein, damit es nicht nur beim guten Vorsatz bleibt:

- Testen Sie alkoholfreie Alternativen. Es gibt ein wachsendes Angebot an alkoholfreiem Bier und Wein, aber auch andere Getränke kommen infrage.
- Nutzen Sie Alkohol nicht als Durstlöscher. Trinken Sie zum Beispiel bewusst eine Flasche Wasser, bevor Sie eine Veranstaltung besuchen, auf der Alkohol angeboten wird.
- Bewahren Sie nicht zu viel Alkohol zu Hause auf.
- Lagern Sie Alkohol nicht in der Küche oder im Wohnzimmer, sondern am besten außerhalb Ihres alltäglichen Sichtfeldes.
- Wenn Sie mehr trinken, weil Sie es als Verschwendung ansehen, das halbe Glas oder die halbe Flasche wegzuschütten, kaufen Sie kleinere Flaschen oder benutzen Sie kleinere Gläser.

- Nehmen Sie sich auf einer Feier vor, jedes Glas Alkohol mit zwei nicht alkoholischen Getränken abzuwechseln.
- Machen Sie eine befristete Konsumpause, um zu prüfen, inwieweit Sie bereits an den Alkohol gewöhnt sind.

Studien zeigen, dass die Wirksamkeit einer Konsumpause höher ist, wenn sie kollektiv erlebt wird. In England zum Beispiel wurde die Kampagne »Dry January«, die dazu auffordert, im Januar auf Alkohol zu verzichten, in den letzten Jahren sehr ausführlich ausgewertet und zeigt erstaunliche Effekte. Teilnehmende berichten von positiven Auswirkungen auf Schlaf und Gesundheit, Gewichtsabnahme und einem bewussteren Alkoholkonsum – und das tatsächlich auch über den Januar hinaus (De Visser & Nicholls, 2020). Schließen Sie sich also mit Gleichgesinnten zusammen oder werden Sie Teil einer Onlinecommunity, in der der trockene Januar gemeinsam durchlebt wird.

Keine Angst, niemand sagt, dass Sie nie, nie, NIE! wieder Alkohol trinken sollen (außer Sie wollen das). Doch ob Sie jetzt einen guten Vorsatz fürs neue Jahr treffen oder nicht, den eigenen Konsum von Zeit zu Zeit zu überdenken schadet jedenfalls nicht.

ÜBUNG #14: JETZT MAL EHRLICH

Wenn Sie noch unschlüssig sind, ob Sie an Ihrem Alkoholkonsum etwas ändern wollen (übrigens können Sie diesen Ansatz auch für andere Konsumgewohnheiten nutzen), dann schlage ich Ihnen die folgende Übung vor, die sich an das »Motivational Interviewing« anlehnt (Miller & Rollnick, 2013).

Beantworten Sie die folgenden sechs Fragen der Reihe nach schriftlich:

1. Wie sieht Ihr aktuelles Konsumverhalten aus? (Was, wie viel, wie oft, zu welchen Gelegenheiten?)
2. Wie könnte ein alternatives Konsumverhalten aussehen? (Was, wie viel, wie oft, zu welchen Gelegenheiten?)
3. Was wären kurz- und langfristige Vorteile des alternativen Konsumverhaltens?
4. Was sind kurz- und langfristige Vorteile des aktuellen Konsumverhaltens?
5. Was wären kurz- und langfristige Nachteile des alternativen Konsumverhaltens?
6. Was sind kurz- und langfristige Nachteile des aktuellen Konsumverhaltens?

Ich überlasse es Ihnen, Ihre eigenen Schlussfolgerungen zu ziehen.

MYTHOS #15

MAN MUSS IMMER EINEN SCHRITT VORAUSDENKEN

Während Sie duschen, denken Sie schon an das anstehende Arbeitsmeeting.
Während des Arbeitsmeetings denken Sie an die Spaghetti Bolo auf dem Kantine-Speiseplan.
Während des Spaghettischlürfens denken Sie an die Krimiserie, die Sie am Abend schauen werden.
Während der Fernseher Sie berieselt, denken Sie bereits an Ihr Bett.
Im Bett denken Sie, dass Sie morgen früh noch duschen müssen ...
Es ist eine Tatsache, dass wir Menschen gedanklich den Großteil unserer Zeit nicht im gegenwärtigen Moment verbringen. Stattdessen grübeln wir über die Vergangenheit und ganz oft auch über die Zukunft nach.

Vorausschauendes Denken ist zweifellos wichtig, um Pläne zu schmieden, Ziele zu setzen und Herausforderungen zu meistern. Es ermöglicht uns, uns auf kommende Ereignisse vorzubereiten, Risiken zu minimieren und Chancen zu erkennen. Diese Eigenschaft hat unser Überleben und unseren Fortschritt als Spezies ermöglicht und ist in vielen Aspekten des Lebens von unschätzbarem Wert. In der Finanzplanung, im Geschäftsleben oder bei strategischen Entscheidungen kann es beispielsweise sinnvoll sein, mögliche Entwicklungen und Trends zu berücksichtigen. Durch das Sparen für Notfälle und die Altersvorsorge können wir uns auf finanzielle Herausforderungen vorbereiten. Und durch regelmäßige Vorsorgeuntersuchungen können wir körperlichen Problemen vorbeugen.

Wenn wir aber ganz ehrlich mit uns selbst sind, dann gibt es doch auch genauso viele Situationen, in denen wir an die Zukunft denken, ohne dass dies uns in der Gegenwart dabei hilft, uns sinnvoll vorzubereiten. Ob wir eine oder hundert Stunden lang ununterbrochen über anstehende unangenehme Termine, mögliche Herausforderungen oder ungewisse Katastrophenszenarien nachgrübeln, ändert in vielen Fällen gar nichts an dem Verlauf, den die Zukunft nehmen wird. Es ist einfach nicht möglich, immer in allen Lebensbereichen vorauszudenken und auf jede Eventualität vorbereitet zu sein. Das Leben ist oft einfach unvorhersehbar.

Vorausschauendes Denken ist also nur sinnvoll, wenn es uns dabei hilft, unsere Lebensqualität zu bewahren oder zu verbessern. Wenn diese sich durch das viele Grübeln aber im Gegenteil sogar noch verschlechtert, dann sollten Sie darüber nachdenken, ob Sie Ihre Zeit und Energie nicht anders besser investieren können. Versuchen Sie sich in diesem Fall verstärkt auf die Gegenwart zu konzentrieren. Durch das Praktizieren von Achtsamkeit können wir lernen, uns gedanklich weniger in die Zukunft oder die Vergangenheit entführen zu lassen und stattdessen bewusster im Hier und Jetzt zu leben.

Achtsamkeit kann erlernt werden. So werden vielerorts Achtsamkeitstrainings angeboten, welche auf dem sogenannten Mindfulness-Based Stress Reduction Program (MBSR) basieren. Zahlreiche Studien belegen die Wirksamkeit dieses strukturierten Trainingsprogramms im Umgang mit Stress (Kabat-Zinn, 2013). Es gibt auch viele Apps, Podcasts und Onlinevideos mit geleiteten Übungen aus Achtsamkeitstrainings. Achtsamkeit kann aber auch in Form von regelmäßigen, kurzen Übungen ganz leicht im Alltag angewendet werden:

- Konzentrieren Sie sich einige Minuten lang auf den jetzigen Moment und versuchen Sie, Ihre Gedanken immer wieder zurückzuholen, falls sie abschweifen.
- Nehmen Sie sich immer wieder kurz Zeit, um sich den einzelnen Sinneseindrücken zuzuwenden. Während des Trinkens oder Essens achten Sie zum Beispiel ganz bewusst auf Geschmack, Geruch, Textur, Konsistenz und Temperatur.
- Legen Sie kurze Achtsamkeitspausen ein, während derer Sie sich nur auf Ihren Atem konzentrieren. Lassen Sie den Atem ganz von selbst kommen und gehen.
- Nehmen Sie die Umgebung um sich herum bewusst wahr. Achten Sie zum Beispiel während eines Spaziergangs auf alle Eindrücke, die auf Sie wirken.
- Wenden Sie sich beobachtend und nicht bewertend den

Empfindungen in Ihrem Körper zu. Achten Sie beispielsweise beim Gehen oder Laufen bewusst auf die einzelnen Bewegungsabläufe.

Also das Ganze noch mal:
- Während Sie duschen, konzentrieren Sie sich bewusst auf das Duschen.
- Während des Arbeitsmeetings konzentrieren Sie sich bewusst auf die Arbeit.
- Während des Essens konzentrieren Sie sich auf das Essen.
- Während des Serienschauens konzentrieren Sie sich auf die Serie, die Sie gerade schauen.
- Im Bett genießen Sie die Tatsache, im Bett zu liegen und sich ausruhen zu können.

Geht doch!

ÜBUNG #15: DER BODY-SCAN

Der »Body-Scan« ist eine bewährte Achtsamkeitsübung, die Sie im Sitzen oder Liegen durchführen können (nach Kabat-Zinn, 2013).

- Suchen Sie sich dafür einen ruhigen Ort, an dem Sie für einige Minuten ungestört sein können, und nehmen Sie eine bequeme Position ein. Schließen Sie Ihre Augen oder lassen Sie sie leicht geöffnet und richten Sie Ihren Blick auf einen Punkt vor Ihnen.
- Beobachten Sie den natürlichen Fluss Ihres Atems, ohne ihn zu verändern.
- Lenken Sie nun gleich Ihre Aufmerksamkeit der Reihe nach auf

verschiedene Teile Ihres Körpers. Stellen Sie sich vor, wie diese Körperteile in Ihrer Vorstellung »abgetastet« werden und Ihr Atem dorthin gelenkt wird. Versuchen Sie, jegliche Empfindungen wahrzunehmen, ohne sie gleich zu bewerten. Wenn Sie merken, dass Ihre Gedanken abschweifen oder Sie sich in Gedanken verlieren, kehren Sie sanft zu Ihrer Atmung und der Körperreise zurück.

- Beginnen Sie mit den Zehen im linken Fuß und bewegen Sie sich dann langsam das Bein hoch bis zum Becken. Wenden Sie sich dann Ihrem rechten Fuß zu und von dort wieder hoch zum Becken. Gehen Sie dann weiter hoch in den Bauchbereich, über Rücken und Brustkorb bis in die Schultern. Konzentrieren Sie sich im Folgenden auf die Finger beider Hände, von wo aus Sie Ihre Aufmerksamkeit beide Arme gleichzeitig aufwärts bis in die Schultern wandern lassen. Von dort aus gehen Sie weiter zum Hals, zum Gesicht, zum Hinterkopf und zum Scheitel.
- Stellen Sie sich vor, wie Ihr Atem vom Scheitel durch den ganzen Körper fließt und durch die Zehen wieder austritt. Spüren Sie, wie sich Ihr Körper anfühlt.
- Wenn Sie bereit sind, öffnen Sie sanft Ihre Augen, falls sie geschlossen waren, und nehmen Sie sich einen Moment, um sich zu orientieren.

Die Body-Scan-Übung kann Ihnen helfen, Ihre Körperwahrnehmung zu verbessern, Stress abzubauen und Ihre Achtsamkeit im Alltag zu steigern.

MYTHOS #16

TRÄUME SIND LUFTSCHLÖSSER

Sie sitzen in dem öden Teammeeting und merken, wie alles immer verschwommener wird. Die Decke im Versammlungsraum löst sich langsam auf und gibt den Blick auf einen blauen Himmel und Sonnenstrahlen frei, die verspielt durch Palmkronen blinzeln. Irgendwo spielt eine Ukulele vor dem Hintergrund des einlullenden Meeresrauschens. Jemand ruft von weit weg Ihren Namen. Wahrscheinlich weil Sie gerade einen Mai Tai bestellt haben, denken Sie noch, bevor Sie durch einen Seitenstoß Ihres Arbeitskollegen unsanft aus Ihrem Tagtraum gerissen werden. Alle im Raum starren Sie an, während es Ihnen dämmert, dass Ihre Chefin gerade eine Frage an Sie gerichtet hat und Sie keinen Schimmer haben, worum es geht ...
Sie wollten eigentlich den schönen Abend mit Ihren Freund*innen genießen, auf den Sie sich schon lange gefreut hatten, als Ihr Geist plötzlich zu der Präsentation abschweift, die Sie morgen vor Publikum halten sollen. Allein die Vorstellung macht Sie bereits ganz hibbelig. Während Ihre Freund*innen sich amüsieren, gehen Sie in Gedanken Ihre PowerPoint noch einmal durch, fragen sich, an

welchen Stellen Sie unsicher werden könnten, und stellen sich bereits vor, welche Fragen aus dem Publikum kommen könnten. Nachdem Sie den ganzen Film oft genug vor Ihrem geistigen Auge abgespielt und sich etwas beruhigt haben, wollen Sie sich wieder Ihren Freund*innen zuwenden, nur um festzustellen, dass die sich schon verabschieden ...

Die Realität ist der Ort, an dem wir handeln, Ziele erreichen und Fortschritte machen können. Wenn wir uns zu sehr in Träumen, Fantasie- und Zukunftsvorstellungen verlieren, kann es passieren, dass wir wichtige Aspekte unseres Lebens vernachlässigen und riskieren, wie Hans Guckindieluft nachher sogar baden zu gehen. In unserer Sozialisierung haben wir gelernt, dass Tagträumereien Illusionen darstellen und keine Auswirkung auf unser Leben haben. Träume sind also Schäume, und in der Vorstellung werden lediglich Luftschlösser gebaut.

Oder etwa doch nicht? Fantasie und Vorstellungskraft spielen tatsächlich eine entscheidende Rolle in der menschlichen Psyche und können eine wertvolle Quelle der Selbstreflexion und persönlichen Entwicklung sein. Die Fähigkeit zur Imagination ist eine wichtige Ressource, die auch im therapeutischen Kontext in Form von Traumreisen, Visualisierungen, kreativen Ausdrucksformen oder hypnotherapeutischen Ansätzen zum Einsatz kommt. Allein die intensive Vorstellung entspannender Situationen hat eine beruhigende Wirkung auf unser Nervensystem. Die Imagination ermöglicht zudem das Ausprobieren neuer Verhaltensweisen in einem sicheren Rahmen. Durch imaginative Techniken können nicht nur alternative Szenarien durchgespielt, sondern auch neue Handlungsmöglichkeiten ausprobiert und trainiert werden. Indem wir uns positive Zukunftsbilder und uns selbst als erfolgreich, glücklich und erfüllt vorstellen, stärken wir zudem unser Selbstbewusstsein und unsere Motivation, diese Ziele zu erreichen.

Verbieten Sie sich also das Tagträumen nicht, sondern überlegen Sie sogar, wie Sie Imagination bewusst als Ressource im Alltag nutzen können.

- Erlauben Sie sich regelmäßig kurze Pausen zur Entspannung, in denen Sie sich zurückziehen, die Augen schließen und sich einen entspannenden Ort oder eine beruhigende Umgebung vorstellen.
- Nutzen Sie die Imagination, um sich klare Ziele und Visionen für die Zukunft vorzustellen. Visualisieren Sie, wie Sie Ihre Ziele erreichen und welche Schritte Sie dafür unternehmen müssen.
- Wenn Sie vor einer Herausforderung stehen, stellen Sie sich im Detail vor, wie Sie verschiedene Möglichkeiten ausprobieren, um neue Perspektiven zu gewinnen und innovative Lösungen zu entwickeln.
- Stellen Sie sich vor, wie Sie die Welt aus der Perspektive einer anderen Person betrachten. Die Imagination kann dabei helfen, sich in andere Menschen hineinzuversetzen und andere Blickwinkel einzunehmen.
- Stellen Sie sich vor, wie Sie schwierige Situationen erfolgreich bewältigen. Mit dem Durchspielen solcher Szenarien

können Sie Ihr Selbstvertrauen stärken und sich mental auf zukünftige Herausforderungen vorbereiten.

Natürlich ist es unangenehm, von der Chefin beim Tagträumen erwischt zu werden oder durch Grübeleien schöne Momente zu verpassen. Vielleicht können wir das Hier und Jetzt jedoch achtsamer erleben, wenn wir unserer Imagination regelmäßig und bewusst den Auslauf geben, den sie braucht.

Das ist doch eine schöne Vorstellung, oder?

ÜBUNG #16: TRAUMREISE

Eine »Traumreise« oder »Fantasiereise« ist eine imaginative Übung, bei der Sie sich in Ihrer Vorstellung an einen entspannten und angenehmen Ort begeben. Geleitete Übungen finden sich auch auf Entspannungs-Apps sowie in Videos und Sounddateien im Internet. Im Folgenden finden Sie einen Beispieltext (angelehnt an Müller, 1995), den Sie sich selbst aufnehmen und bei Bedarf anhören können:

»Die Ballonfahrt«

Schließen Sie Ihre Augen und nehmen Sie eine angenehme Körperhaltung ein.

Atmen Sie langsam ein und aus, um sich zu entspannen.

Stellen Sie sich einen schönen Sommertag vor.

Sie stehen auf einer grünen Wiese und spüren die angenehme Wärme der Sonnenstrahlen.

Vor Ihnen steht ein bunter Heißluftballon, der sanft im Wind schaukelt.

Wenn es sich richtig für Sie anfühlt, entscheiden Sie sich dazu, in den Ballon einzusteigen.

Sie spüren, wie Sie die Seile des Ballons in Ihren Händen halten. Sie fühlen sich sicher und geborgen.

Langsam beginnen Sie, sich mit dem Ballon vom Boden zu erheben.

Sie spüren, wie Sie leichter werden, während der Ballon langsam in die Höhe steigt.

Von oben haben Sie eine atemberaubende Aussicht auf die Landschaft unter Ihnen. Sie sehen weitläufige Wälder, glitzernde Seen und malerische Dörfer, die immer kleiner werden, je höher Sie aufsteigen.

Sie fühlen sich frei und leicht, während Sie mit dem Ballon über die Wolken gleiten.

Die warme Sonne umhüllt Sie, und Sie spüren ein Gefühl von Entspannung und Gelassenheit.

Während Sie durch die Lüfte schweben, lassen Sie Ihrer Fantasie freien Lauf.

Stellen Sie sich vor, Sie könnten überall hinfliegen, an Orte, die Sie schon immer erkunden wollten.

Die Ballonfahrt bringt Ihnen ein Gefühl von innerer Ruhe und Zufriedenheit.

Sie lassen alle Sorgen und allen Stress hinter sich und genießen einfach den Moment.

Nach einer Weile entscheiden Sie sich, langsam wieder zurückzukehren.

Der Ballon beginnt, sanft zu sinken, und Sie spüren, wie Ihre Füße den Boden berühren.

Öffnen Sie langsam die Augen und kehren Sie zurück in den Raum, in dem Sie sich befinden.

Nehmen Sie sich noch einen Moment Zeit, um das Gefühl der Entspannung und Freiheit in sich nachklingen zu lassen.

MYTHOS #17

IM ZWEIFELSFALL MEHR DESSELBEN

Wir reagieren in Beziehungen immer wieder mit den gleichen Strategien, obwohl wir wissen, dass sie zu Konflikten führen.
Wir schieben Aufgaben regelmäßig auf, obwohl wir eigentlich nicht auf den letzten Drücker unter Stress arbeiten wollen.
Wir machen immer wieder die gleiche Diät, obwohl sich damit noch nie langfristige Ergebnisse erzielen ließen.

Die Tendenz, immer wieder auf dieselben Verhaltensmuster zurückzugreifen, ist ein typisch menschliches Phänomen. Wir sind nun mal Gewohnheitstiere. Eine Strategie, die sich in der Vergangenheit als erfolgreich erwiesen hat, kann in einem anderen Kontext aber unangepasst sein. Wenn wir uns zu rigide an vergangenen Strategien festklammern, können wir uns nicht flexibel genug an neue Herausforderungen anpassen.

Ich schlage Ihnen ein kurzes Experiment vor, wofür Sie ein leeres Blatt und einen Stift benötigen. Zeichnen Sie vor sich drei Quadrate auf.

1. Teilen Sie das erste Quadrat in vier exakt gleich große Teile auf.
2. Teilen Sie das zweite Quadrat in neun exakt gleich große Teile auf.
3. Teilen Sie das dritte Quadrat in fünf exakt gleich große Teile auf.

Die Lösungen finden Sie am Ende des Kapitels.

Bestimmt waren die ersten beiden Aufgaben kein Problem für Sie. Bei der dritten brauchen die meisten Menschen aber etwas länger. Nachdem der Lösungsweg zweimal darin bestand, ein Quadrat in identische kleinere Quadrate aufzuteilen, kann sich ein Widerstand einstellen, bei der dritten Aufgabe von dieser Strategie abzulassen.

Auch wenn sich eine Verhaltensstrategie als nicht erfolgreich herausstellt, kann es bequemer sein, sie beizubehalten, statt sich auf Veränderungen einzulassen. Neue Strategien können Unsicherheit und Angst auslösen. Menschen neigen dazu, Verluste stärker zu gewichten als Gewinne. Aus diesem Grund zögern wir, eine alte Strategie aufzugeben (was wir als Verlust verbuchen würden), selbst wenn der potenzielle Gewinn einer neuen Strategie größer sein könnte.

Das Bedürfnis nach Bestätigung unserer Überzeugungen und Handlungen kann uns zudem aufmerksamkeitsblind machen. Selbst wenn eine Strategie wiederholt fehlgeschlagen ist, verspüren wir den Drang, weiter nach Belegen zu suchen, die unsere Überzeugung, richtig gehandelt zu haben, unterstützen, anstatt die Fakten objektiv zu bewerten.

Manchmal nehmen wir uns auch ganz einfach nicht genug Zeit, um bewusst über unsere Handlungen und ihre Auswirkungen nachzudenken. Wir agieren in einem Autopilotmodus, ohne uns bewusst zu sein, dass unsere Strategie unwirksam ist. Wenn der Erfolg ausbleibt, erhöhen wir eventuell sogar automatisch unsere Anstrengungen, anstatt nach alternativen Lösungswegen zu suchen. Wenn wir in einer Sackgasse landen und gegen eine Wand gefahren sind, drücken wir (in der Hoffnung, die Wand zu durchbrechen) das Gaspedal weiter durch. Paul Watzlawick hat ebenjene Mehr-desselben-Strategie als ein »Katastrophenrezept« bezeichnet, »das sich auf unserem Planeten im Laufe der Jahrmillionen herausgebildet hat und zum Aussterben ganzer Gattungen geführt hat« (Watzlawick, 2009, S. 28).

Sich von dieser Tendenz zu befreien, erfordert Selbstreflexion und die Bereitschaft zur Veränderung:

- Erkennen Sie zuerst an, dass Sie in einem bestimmten Verhaltensmuster gefangen sind, das nicht zielführend ist.
- Betrachten Sie Situationen aus möglichst vielen verschiedenen Blickwinkeln, um neue Handlungsoptionen zu erkennen. Wie würden andere Personen beispielsweise reagieren?
- Brainstormen Sie alternative Strategien, die Sie ausprobieren könnten. Seien Sie dabei kreativ und offen für neue Ideen.
- Entscheiden Sie sich für eine alternative Strategie, welche Sie als zielführend einschätzen.

- Ersetzen Sie schrittweise alte Gewohnheiten durch neue, konstruktivere Routinen.
- Veränderung ist ein Prozess. Akzeptieren Sie Rückschläge als Teil des Lernens und nutzen Sie sie als Gelegenheit, sich weiterzuentwickeln.

Kleben Sie also nicht an alten Strategien fest und bleiben Sie offen für kreatives Denken. Anstatt weiter gegen die Wand zu fahren, könnten Sie auch den Rückwärtsgang einlegen. Vielleicht gibt es ja einen Weg um die Mauer herum? Vielleicht führt eine Brücke darüber hinweg oder eine Unterführung darunter hindurch? Vielleicht könnten Sie jemanden nach dem Weg fragen? Vielleicht könnten Sie auch einfach aus dem Auto aussteigen und den Bus nehmen? Oder ein Eis essen gehen? Hauptsache, weniger desselben!

Lösungen:

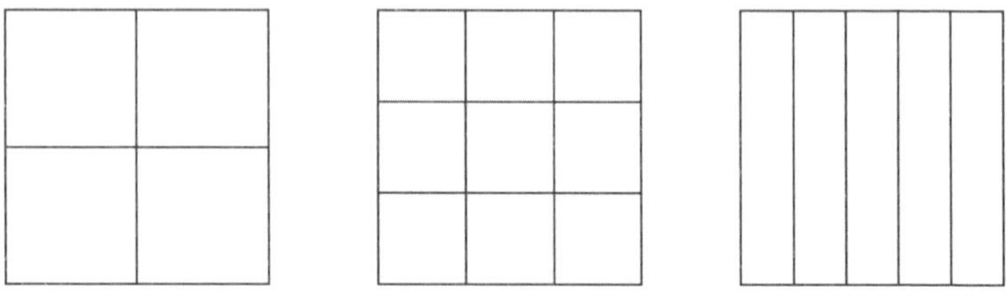

ÜBUNG #17: KOPFKINO

Wenn Sie mal wieder das Gefühl haben, nicht so richtig voranzukommen, können Sie mit dieser kurzen Imaginationsübung (angelehnt an die traumatherapeutische »Screen-Technik«, zum Beispiel nach Putnam, 1989) versuchen, Ihr Leben aus einer anderen Perspektive zu betrachten.

- Stellen Sie sich vor, wie Sie in einem Kino Platz nehmen. Auf der Leinwand läuft ein Film mit einer aktuellen Szene aus Ihrem Leben, in der Sie sich belastet oder blockiert gefühlt haben.
- Beobachten Sie aufmerksam Ihr eigenes Handeln aus dieser neuen Perspektive. Vielleicht fallen Ihnen als Zuschauer*in Dinge auf, die Sie in der Situation nicht bemerkt haben.
- Könnte an diesem Moment im Film eine Flashback-Szene eingefügt werden? Greifen Sie gerade auf eine Strategie zurück, die Sie bereits öfter angewandt haben? War diese Strategie in der Vergangenheit erfolgreich? Haben Sie sie an die aktuelle Situation angepasst?
- Falls Sie erkennen, dass Sie in dieser Szene in alte Muster zurückgefallen sind, die Ihnen in der aktuellen Situation nicht behilflich sind, suchen Sie bewusst nach neuen, angepassten Strategien. Ihre Zuschauer*innenperspektive kann Ihnen womöglich Handlungsalternativen aufzeigen, die Ihnen im Alltag verborgen bleiben.
- Stellen Sie sich dann vor, wie der Film neu geschnitten wird, und schauen Sie sich die angepasste Szene im Kino an. Wie reagieren Sie jetzt, und wie ändert sich dadurch der Ausgang der Szene?

MYTHOS #18

FOLGE STETS DEINEN WERTEN

Sie hadern mit einer wichtigen Lebensentscheidung?
Sie stehen vor einem Dilemma und fühlen sich entzweigerissen?
Sie haben sich verzettelt und sehen keinen Ausweg mehr?
Kein Problem! Folgen Sie einfach Ihren Werten, und Sie werden punktgenau an Ihr Ziel gebracht.

Solche gut gemeinten Ratschläge haben Sie bestimmt auch schon erhalten (oder vielleicht sogar gegeben?). Aber was ist mit dieser Aussage denn überhaupt gemeint? »Folge deinen Werten« klingt so, als ob wir über einen inneren Kompass oder ein GPS-System verfügten. So als könnten wir den Autopiloten aktivieren und uns entspannt zurücklehnen, sobald unsere Werte einmal einprogrammiert sind.

Was bedeutet es dann aber, wenn ich mein Ziel nicht erreiche? Heißt das, dass ich keine guten Werte habe? Oder dass ich Werte habe, denen ich nicht treu bin? Oder dass ich überhaupt keine Werte habe und ein amoralischer Soziopath bin?

Die Sache mit den Werten ist in Wirklichkeit gar nicht so einfach, wie es auf den ersten Blick erscheint.

Manchmal fehlen uns relevante Informationen, um gute Entscheidungen zu treffen. Wenn wir uns in solchen Situationen ausschließlich von unseren Wertvorstellungen leiten lassen, kann uns das zu dramatischen Fehlentscheidungen veranlassen. Mitgefühl und Solidarität sind ehrwürdige Werte, die Menschen zum Beispiel dazu bewegen können, Geld für wohltätige Zwecke oder bedürftige Personen zu spenden. Würden wir diesen Werten aber ohne kritische Überprüfung der Seriosität von Spendenaufrufen folgen, riskierten wir, damit lediglich die Taschen von Onlinebetrügern zu füllen.

Werte sind eine wichtige Grundlage für das menschliche Verhalten. Sie helfen uns zu verstehen, was für uns persönlich wichtig ist und was wir für richtig oder falsch halten. Sie beeinflussen, wie wir uns selbst sehen und wie wir von anderen wahrgenommen werden. Gemeinsame Werte bringen Menschen zusammen und fördern ein harmonisches Zusammenleben. In diesem Sinne sind Werte ein wesentlicher Bestandteil der sozialen Struktur einer Gesellschaft.

Aber wie entwickeln wir eigentlich unsere Wertvorstellungen? Werte sind stark vom kulturellen Hintergrund und Lebenskontext beeinflusst. Was in einer Kultur als moralisch akzeptabel angesehen wird, kann in einer anderen Kultur völlig unpassend sein. Im Laufe unseres Lebens entwickeln wir verschiedene Wertvorstellungen und Prioritäten.

Weil wir im Laufe der Zeit neue Erfahrungen machen und uns weiterentwickeln, ändern sich unsere Werte. Was für uns in der Vergangenheit wichtig war, mag in der Gegenwart möglicherweise nicht mehr dieselbe Bedeutung haben. Es ist wichtig, sich selbst zu erlauben, sich weiterzuentwickeln und die eigenen Werte von Zeit zu Zeit zu überdenken. In manchen Situationen müssen wir sie sogar überdenken. Nämlich dann, wenn die vielen Werte, die wir im Laufe eines Lebens sammeln, miteinander kollidieren und zu inneren Konflikten führen. In solchen Fällen kann es schwierig sein zu entscheiden, welche Werte priorisiert werden sollen.

Um Ihr inneres Werte-Ortungssystem optimal zu nutzen und bei dem ersten »Bitte wenden!« nicht sofort in Panik zu geraten, können folgende Empfehlungen hilfreich sein:

- Überlegen Sie, welche Überzeugungen und Prinzipien Ihnen besonders wichtig sind, und erstellen Sie eine Rangliste mit Ihren Werten.
- Setzen Sie sich Ziele, die in Einklang mit diesen Werten stehen und Ihren Überzeugungen entsprechen.
- Wenn Sie vor wichtigen Entscheidungen stehen, fragen Sie sich, welche Handlungsalternative am besten mit Ihren Werten harmoniert und / oder am wenigsten zu Wertekollisionen und inneren Konflikten führt.
- Treffen Sie Entscheidungen nicht nur aufgrund Ihrer Wertvorstellungen, sondern sammeln Sie so viele Informationen wie möglich und beachten Sie zudem unterschiedliche Lebenskontexte und kulturelle Faktoren.
- Seien Sie authentisch und lassen Sie Ihre Werte so konsequent wie möglich in Ihre Haltung und Ihr Verhalten einfließen.
- Seien Sie offen für Veränderungen und passen Sie Ihre

Entscheidungen an, um zusammen mit Ihren Werten wachsen zu können.

Keine Angst, Sie sollen natürlich jetzt nicht alle Ihre Wertvorstellungen über Bord werfen. Wenn wir uns unserer Werte bewusst sind, können wir uns selbst besser verstehen und gezielt an unserem persönlichen Wachstum arbeiten. Damit kann ein Gefühl der Freiheit entstehen. Noch freier kann uns aber die Einsicht machen, dass nichts in Stein gemeißelt ist. Wenn unsere Wertvorstellungen uns in eine Sackgasse zu führen drohen, können wir uns jederzeit erlauben, das Navi einfach mal auszuschalten.

ÜBUNG #18: DIE TOP FIVE

Angelehnt an die Technik der *Personal Values Cards* aus dem »Motivational Interviewing« (nach Miller & Rollnick, 2013), finden Sie im Folgenden eine Auflistung verschiedener Werte. Wenn Sie vor einer wichtigen Entscheidung stehen, nehmen Sie sich Zeit und wählen Sie Ihre fünf persönlichen Favoriten aus. Fragen Sie sich dann, wie Sie handeln können, um diesen Werten bestmöglich zu entsprechen und eventuelle Kollisionen zu vermeiden.

- Abenteuer: neue Erfahrungen machen
- Abwechslung: ein Leben voller Vielfalt führen
- Achtsamkeit: achtsam leben
- Akzeptanz: akzeptiert werden, wie ich bin
- Attraktivität: körperlich attraktiv sein

- Aufregung: ein aufregendes Leben führen
- Autonomie: selbstbestimmt und unabhängig sein
- Autorität: eine Führungsposition haben
- Behaglichkeit: ein angenehmes Leben führen
- Beliebtheit: von vielen Menschen gemocht werden
- Beständigkeit: ein gleichbleibendes Leben führen
- Dankbarkeit: dankbar und anerkennend sein
- Demut: anspruchslos und bescheiden sein
- Ehrlichkeit: ehrlich und wahrhaftig sein
- Einfachheit: ein bescheidenes Leben leben
- Einsamkeit: Ruhe und Rückzug
- Erfolg: wichtige Erfolge erzielen
- Familie: eine glückliche, liebevolle Familie haben
- Fantasie: Träume haben und Möglichkeiten sehen
- Fitness: körperlich fit und stark sein
- Fleiß: gut und hart an Lebensaufgaben arbeiten
- Flexibilität: sich auf neue Umstände einstellen können
- Freiheit: frei von unangemessenen Beschränkungen sein
- Freude: sich am Leben freuen können
- Freundschaft: enge, unterstützende Freunde haben
- Führung: andere führen und begeistern
- Fürsorglichkeit: andere ermutigen und unterstützen
- Genauigkeit: es mit seinen Meinungen genau nehmen
- Gerechtigkeit: sich für Gerechtigkeit einsetzen
- Gesundheit: körperlich in guter Verfassung sein
- Gottes Wille: Gottes Willen erkennen und folgen
- Großzügigkeit: mit anderen teilen
- Herausforderung: schwierige Aufgaben angehen

- Hilfsbereitschaft: anderen helfen und zu Diensten sein
- Hoffnung: eine optimistische Haltung bewahren
- Höflichkeit: anderen gegenüber höflich sein
- Humor: die humorvolle Seite an sich und der Welt sehen
- Innerer Friede: Frieden mit sich selbst schließen
- Integrität: sein Leben gemäß seinen Werten leben
- Intelligenz: einen scharfen Verstand bewahren
- Intimität: intime Erfahrungen mit anderen teilen
- Kompetenz: Tätigkeiten beherrschen
- Kompromiss: Bereitschaft zum Geben und Nehmen
- Kooperation: mit anderen zusammenarbeiten
- Kreativität: neue Dinge erschaffen und ideenreich sein
- Kunst: Kunst wertschätzen oder sich darin ausdrücken
- Leidenschaftlichkeit: tiefe Gefühle mit Ideen verbinden
- Liebe erfahren: von anderen geliebt werden
- Liebe geben: anderen Liebe schenken
- Macht: Kontrolle über andere haben
- Maßhalten: Exzesse vermeiden und ein rechtes Maß finden
- Mitgefühl: mitfühlend und aus Sorge um andere handeln
- Mitwirkung: einen dauerhaften Beitrag zur Welt leisten
- Monogamie: eine einzige Liebesbeziehung führen
- Musik: Musik genießen und sich in ihr ausdrücken
- Muße: sich Zeit zum Entspannen und Genießen nehmen
- Mut: mutig und stark den Widrigkeiten trotzen
- Neugier: neue Dinge herausfinden, erfahren und lernen
- Nonkonformismus: Autoritäten und Normen hinterfragen
- Offenheit: offen für neue Erfahrungen sein
- Ökologie: im Einklang mit der Umwelt leben

- Ordnung: ein geordnetes Leben führen
- Patriotismus: sein Land lieben und es beschützen
- Pflichtbewusstsein: seinen Verpflichtungen nachkommen
- Pragmatismus: Fokus auf das legen, was machbar ist
- Realismus: realistisch urteilen und handeln
- Risikofreude: Risiken eingehen und Chancen ergreifen
- Romantik: intensive, aufregende Liebe erfahren
- Ruhm: bekannt und anerkannt sein
- Schönheit: es genießen, von Schönheit umgeben zu sein
- Schützen: geliebten Menschen Sicherheit geben
- Selbstachtung: ein gutes Gefühl sich selbst gegenüber haben
- Selbstannahme: sich akzeptieren, wie man ist
- Selbstbeherrschung: diszipliniert handeln
- Selbsterkenntnis: Wissen über sich selbst haben
- Sexualität: ein befriedigendes Sexleben haben
- Sicherheit: sich sicher und geborgen fühlen
- Sorgfalt: sorgfältig und gewissenhaft sein
- Spaß: spielen und Spaß haben
- Spiritualität: geistig wachsen und reifen
- Toleranz: andere akzeptieren und respektieren
- Tradition: anerkannten Regeln der Vergangenheit folgen
- Treue: treu und loyal in der Beziehung sein
- Tugend: ein vorbildliches Leben führen
- Unabhängigkeit: frei von Abhängigkeiten von anderen sein
- Verantwortung: verantwortliche Entscheidungen treffen
- Verbindlichkeit: dauerhafte Bindungen eingehen
- Vernunft: sich von Vernunft leiten lassen
- Versöhnlichkeit: anderen gegenüber versöhnlich sein

- Vielschichtigkeit: Unwägbarkeiten des Lebens begrüßen
- Vorsorge: für andere und sich selbst Vorsorge treffen
- Wachstum: nicht aufhören, sich zu verändern
- Wahrhaftigkeit: sich selbst treu bleiben
- Weltfrieden: etwas zu dem Frieden in der Welt beitragen
- Wissen: wertvolles Wissen ansammeln und weitergeben
- Wohlstand: viel Geld haben
- Zielstrebigkeit: seinem Leben Sinn und Richtung geben
- Zugehörigkeit: das Gefühl haben, Teil von etwas zu sein
- Zuverlässigkeit: verlässlich und vertrauenswürdig sein
- Zuwendung: sich um andere kümmern

MYTHOS #19

WAS DU HEUTE KANNST BESORGEN, DAS VERSCHIEBE EBENSO GUT AUF MORGEN

Die Deadline rückt näher, jetzt wird's aber mal Zeit, dass ich was aufs Papier bekomme! Fest entschlossen setze ich mich vor den PC und öffne ein neues Word-Dokument. Ich tippe gerade den Titel ein, als mir der Gedanke kommt, dass ich zur Abwechslung mal eine andere Schriftart wählen könnte. Ich google schnell nach Schriftarten, die Seriosität ausstrahlen. Dabei stoße ich auf einen interessanten Artikel über die ältesten Schriftformen (sumerische Keilschrift und ägyptische Hieroglyphen). Eine Stunde und 20 Klicks später ertappe ich mich dabei, wie ich mich auf einem UFO-Blog über die Erbauung der Pyramiden durch Außerirdische aufklären lasse ... Schluss jetzt! Ich mache mir erst mal einen Kaffee! Da fällt mir ein, dass ich die Kaffeemaschine mal entkalken könnte. Als ich gerade dabei bin, sie auseinanderzubauen, summt mein Handy. Schon wieder so ein dämliches Katzen-Meme in der Whatsapp-Gruppe! Da finde ich bestimmt ein noch dämlicheres, ich suche mal schnell. Wieso knurrt eigentlich mein Magen? Ach, schon Mittagszeit. Na ja, morgen ist auch noch ein Tag ...

Kennen Sie solche Situationen, in denen Sie Aufgaben oder Verpflichtungen aufschieben und sich stattdessen weniger dringenden oder angenehmeren Tätigkeiten widmen? Diese Art der »Aufschieberitis«, auch als Prokrastination bekannt, ist tatsächlich sehr menschlich. Unser Gehirn ist auf positive Verstärkung gepolt und neigt dazu, Handlungen zu priorisieren, die sofortige Freude oder Erleichterung bieten. Unser Belohnungssystem fördert spontanes Verhalten, das kurzfristig angenehm ist, selbst wenn langfristige Konsequenzen negativ sein können. Wenn die aufgeschobenen Aufgaben als schwierig, langweilig oder unangenehm empfunden werden, wird kurzfristiges Vergnügen vorgezogen, um negative Emotionen zu vermeiden. Im Gegensatz zu den sogenannten Vermeidungsaufschieber*innen, die aus Angst vor Versagen oder Scheu vor Anstrengung prokrastinieren, verzögern sogenannte Erregungsaufschieber*innen Aufgaben bis zur letzten Minute, da sie sich als produktiver erleben, wenn sie unter Zeitdruck stehen (Stangl, 2023).

Die Vorstellung, unangenehmen Verpflichtungen wie Scarlett O'Hara in *Vom Winde verweht* mit einem »Verschieben wir es doch auf morgen!« zu begegnen, kann sehr verlockend sein. Es stellt sich die Frage, was eigentlich so schlimm ist am Aufschieben. Ob ich eine Aufgabe sofort erledige oder bis kurz vor der Deadline warte, es kostet mich doch gleich viel Energie:

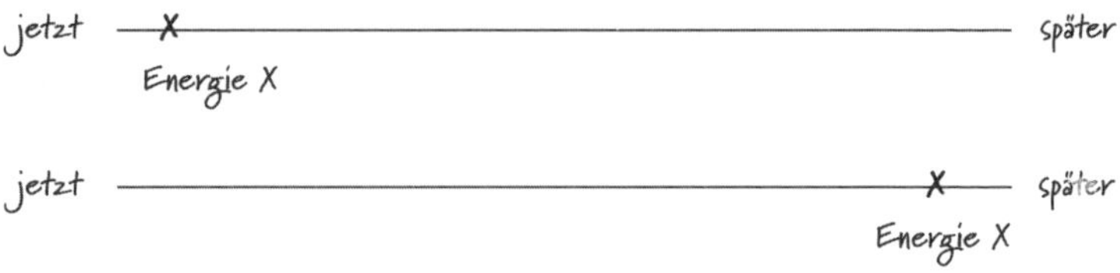

Wenn ich dann auch noch denke, dass ich unter Zeitdruck besser arbeite, wäre es doch sogar logisch, alles auf den letzten Drücker zu erledigen. Der Fehler in dieser Logik liegt darin, dass es mich eben NICHT gleich viel Energie kostet, ob ich einer Verpflichtung sofort oder später nachkomme. Denn zu dem Aufwand, den uns die eigentliche Arbeit kostet, kommt die Energie hinzu, die im Hinterkopf verbraucht wird, weil wir bis zur Erledigung der Aufgabe bewusst oder unbewusst weiter darüber nachgrübeln, dass wir eigentlich noch was zu tun haben. Unsicherheit, Druck und schlechtes Gewissen sind ganz wesentliche Energiefresser. Wie der Hobbit Samweis Gamdschie in J.R.R.Tolkiens *Herr der Ringe* bereits wusste: »Die Arbeit, die man nie beginnt, dauert am längsten« (Band 1, S. 467).

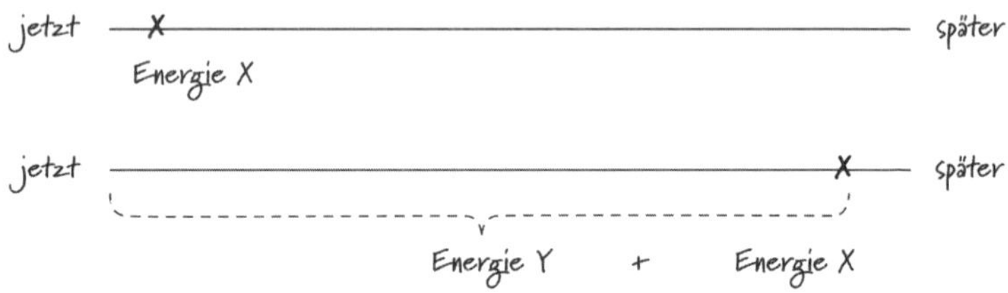

Studien zeigen, dass sich Prokrastination negativ auf akademische Leistung auswirkt (Kim & Seo, 2015). Zudem konnte ein Zusammenhang zwischen Prokrastination und einem gesteigerten Stressniveau, schlechterer psychischer Gesundheit, körperlichen Schmerzen und Einsamkeit nachgewiesen werden (Johansson et al., 2023). Daher ist es wichtig, dieses Verhalten frühzeitig zu erkennen und Strategien für den richtigen Umgang mit Prokrastination zu entwickeln: Identifizieren Sie die Hauptquellen für Ablenkung und versuchen Sie, diese zu minimieren.

- Gestalten Sie Ihre Arbeitsumgebung so, dass sie förderlich für Produktivität ist. Ein aufgeräumter Arbeitsplatz kann helfen, Ablenkungen zu reduzieren.
- Setzen Sie sich realistische Ziele für Ihre Aufgaben.
- Teilen Sie größere Aufgaben in kleinere Schritte auf.
- Arbeiten Sie mit To-do-Listen oder Zeitmanagement-Apps.
- Ordnen Sie Ihre Aufgaben nach ihrer Wichtigkeit und Dringlichkeit. Fokussieren Sie sich immer zuerst auf Aufgaben, die wichtig und dringlich sind.
- Planen Sie im Voraus feste Zeitblöcke (sogenannte Time Boxes) für die Erledigung Ihrer Aufgaben und halten Sie sich daran.
- Arbeiten Sie in Ihren Hochphasen, also zu den Tageszeiten, in denen Sie sich am besten konzentrieren können.
- Belohnen Sie sich für erledigte Aufgaben und Teilerfolge.

Wenn Sie nicht unnötig Energie verschwenden wollen, versuchen Sie, Prokrastination bewusst zu vermeiden. Die Wahl der Schriftart und die Entkalkung der Kaffeemaschine sind ganz einfach weniger dringlich, wenn eine wichtige Deadline ansteht. Wenn Sie Ihre Aufgabe erledigt haben, können Sie sich den angenehmeren Dingen zudem viel unbeschwerter und ohne schlechtes Gewissen zuwenden. Stellen Sie sich vor, wie viel Energie dann für UFO-Artikel und Katzen-Memes übrig bleibt!

ÜBUNG #19: 72 STUNDEN, 3 MINUTEN UND 5 SEKUNDEN

Aus den Ansätzen des Zeitmanagements gibt es eine Reihe von Grundregeln, die sich bewährt haben. Probieren Sie diese doch einfach mal aus!

- Die 72-Stunden-Regel: Wenn Sie sich etwas vornehmen, sollten Sie innerhalb von 72 Stunden damit beginnen, da die Chance, dass Sie Ihr Vorhaben jemals umsetzen, ansonsten sehr stark abnimmt. Die Wahrscheinlichkeit, dass Projekte, die nicht unmittelbar begonnen oder wenigstens kurz angedacht werden, weiterverfolgt werden, soll bereits nach drei Tagen auf ein Prozent sinken (Mai, 2023).
- Die 3-Minuten-Regel: Wenn Sie auf eine Aufgabe stoßen, die relativ einfach und schnell zu erledigen ist und nicht mehr als drei Minuten in Anspruch nimmt, dann erledigen Sie diese sofort. So können Sie vermeiden, dass sich unerledigte Aufgaben ansammeln und zu einem Gefühl der Überforderung führen.
- Die 5-Sekunden-Regel: Wenn Ihnen bewusst wird, dass Sie gerade prokrastinieren, zählen Sie sofort einen Countdown von

5 bis 1 herunter. Bei 1 angekommen, beginnen Sie unmittelbar mit der Arbeit. Durch den Countdown wird jene Region im Gehirn (präfrontaler Cortex) aktiviert, die für bewusste Entscheidungen zuständig ist (Robbins, 2018).

MYTHOS #20

VORWÄRTS IMMER, RÜCKWÄRTS NIMMER

Die Echternacher Springprozession ist eine traditionelle Veranstaltung, die seit dem Mittelalter jährlich in dem kleinen Städtchen Echternach in Luxemburg stattfindet. Die Besonderheit dieses UNESCO-Kulturerbes liegt in der Art, wie die Tausenden Teilnehmenden sich fortbewegen. Statt eines geraden Schrittes ist ein Hüpfschritt vorgesehen, bei dem zwei Schritte vorwärts und ein Schritt rückwärts gesprungen werden. Dieser rhythmische und tänzelnde Schritt wird als »Pilgerschritt« bezeichnet und hat sich heute als Metapher für einen beharrlichen Fortschritt etabliert. Man macht immer wieder einen Schritt zurück und kommt am Ende des Tages trotzdem am Ziel an (tatsächlich springen die Pilger*innen in Echternach seit Mitte des letzten Jahrhunderts allerdings nicht mehr rückwärts, sondern nur noch mit seitlichen Schritten vorwärts, da der Rückwärtssprung in der Vergangenheit regelmäßig zu chaotischen Massenkarambolagen geführt hat).

Menschen streben danach, Fähigkeiten zu verbessern und neue Kompetenzen zu erlangen, sich ständig neue Ziele zu setzen und eine bessere Version ihrer selbst zu werden. Wir haben gelernt, dass kontinuierliche Weiterentwicklung und Fortschritt entscheidend sind, um mit den Herausforderungen des Lebens Schritt zu halten. Wer zum Stillstand kommt oder gar in alte Gewohnheiten oder Denkweisen zurückfällt, verliert den Anschluss. Die Prämisse lautet also: Fortschritt ist immer linear.

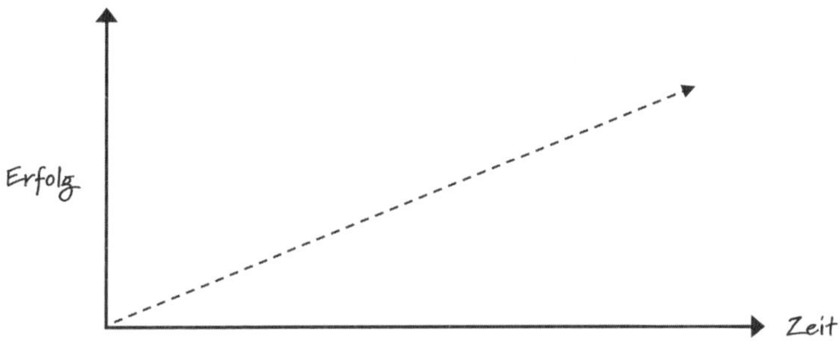

Tatsächlich ist Fortschritt ein komplexer Prozess, der Höhen und Tiefen, Rückschläge und Wendepunkte mit sich bringt. Auf dem Weg zum Erfolg können wir auf Herausforderungen und Hindernisse stoßen, die den Prozess verlangsamen oder vorübergehend blockieren. Manchmal führen Rückschläge dazu, dass wir unsere Strategien überdenken und neu ausrichten müssen. Kommt es zu Fehlern und Misserfolgen, können wir wichtige Lehren daraus ziehen. Selbst wenn es so scheint, als ob wir einen Schritt zurückgingen, tragen diese Erfahrungen in Wirklichkeit langfristig zum Fortschritt bei.

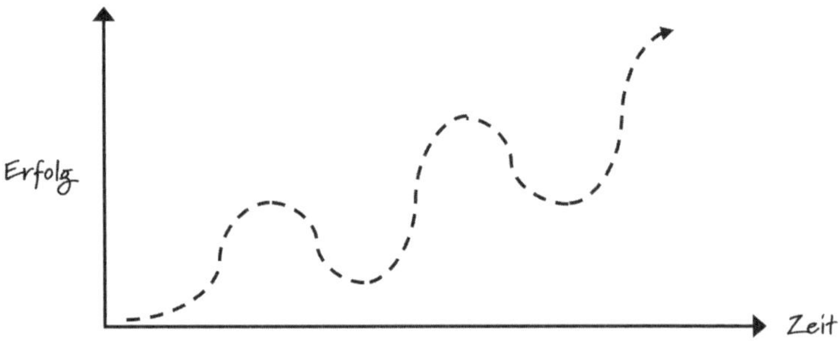

Es ist wichtig zu erkennen, dass Erfolg eben nicht immer linear verläuft und wir Ziele manchmal nur über Umwege erreichen. Letztlich ist Fortschritt ein dynamischer und vielschichtiger Prozess, der Geduld und Anpassungsfähigkeit erfordert. Tappen Sie also nicht in die »Immer vorwärts«-Falle, indem Sie den kleinsten Rückschritt als Totalversagen deklarieren. Versuchen Sie stattdessen, Entwicklungen aus einer Langzeitperspektive zu betrachten. Orientieren Sie sich zum Beispiel am Modell der Kompetenzstufenentwicklung nach Noel Burch (1970), welches einen Entwicklungsprozess in vier Stufen beschreibt:

1. Unbewusste Inkompetenz: In dieser Stufe erkennt eine Person eigene Defizite oder schädliche Verhaltensweisen nicht. Dies ist der Zustand, in dem man nicht weiß, dass man etwas nicht weiß.
2. Bewusste Inkompetenz: In dieser Stufe erkennt die Person, dass sie über Defizite verfügt oder schädlichen Gewohnheiten nachgeht, weiß aber noch nicht, wie sie dies ändern kann.

3. Bewusste Kompetenz: In dieser Stufe beginnt die Person, neue Fähigkeiten aktiv zu erlernen. Die Person kann die Fertigkeit ausführen, muss aber noch bewusst und konzentriert daran arbeiten. Es erfordert Anstrengung und Übung, um die Fähigkeit aufrechtzuerhalten.
4. Unbewusste Kompetenz: In dieser letzten Stufe hat die Person die Fähigkeit so gut entwickelt, dass sie sie mühelos und automatisch ausüben kann, ohne bewusst darüber nachdenken zu müssen.

Wenn Sie auf ein Ziel hinarbeiten, stellen Sie sich regelmäßig die Frage, auf welcher Stufe Sie sich aktuell befinden. Loben Sie sich dafür, wenn Sie erkennen, dass Sie einzelne Stufen bereits erreicht haben, und überlegen Sie, wie Sie dazu beitragen können, die nächste Stufe zu erreichen.

Den Fortschritt als nicht linear zu verstehen kann uns dabei helfen, uns nicht von Rückschlägen entmutigen zu lassen und weiterhin beständig auf unsere Ziele hinzuarbeiten. Egal ob vorwärts, rückwärts oder seitlich gesprungen wird, am Ende führen viele Wege nach Rom … oder Echternach.

ÜBUNG #20: DIE FORTSCHRITT-SKALA

Eine wichtige Voraussetzung für gute Zielsetzungen ist die Messbarkeit des erzielten Erfolges.

- Versuchen Sie, Ziele möglichst konkret zu formulieren, und überlegen Sie sich Kriterien, anhand derer Sie den Fortschritt später überprüfen können.
- Verorten Sie Ihre Kriterien auf einer Skala; zum Beispiel von 0 bis 10, wobei 0 den Ausgangszustand darstellt und 10 bedeutet, dass Ihr Ziel vollkommen erfüllt wurde. Für verschiedene Zielsetzungen ist dies leichter zu bewerkstelligen als für andere. Wenn ich abnehmen, weniger Alkohol trinken oder mehr schlafen möchte, liegen objektive Messkriterien auf der Hand (Kilogramm abgenommenes Gewicht, Anzahl Alkoholeinheiten, Schlafstunden). Wenn ich aber beispielsweise meinen Stresspegel reduzieren möchte, ist dies schwieriger. Doch auch hier kann eine Skala helfen, Ziele zu konkretisieren und Veränderungen zu verdeutlichen. Hören Sie dann einfach auf Ihr Bauchgefühl und versuchen Sie, Ihr durchschnittliches Stressniveau zwischen 0 (total entspannt) und 10 (maximale Anspannung) einzuordnen.
- Setzen Sie sich eine regelmäßige Erinnerung auf Ihrem Handy zu einem Zeitpunkt, an dem Sie kurz konzentriert überlegen können (zum Beispiel täglich vor dem Schlafengehen oder einmal die Woche am Sonntagabend). Evaluieren Sie zu diesen Zeitpunkten Ihren aktuellen Fortschritt anhand der Skala und dokumentieren Sie Ihre Ergebnisse.

- Lassen Sie sich von eventuellen kurzfristigen Rückschlägen nicht entmutigen und behalten Sie die langfristige Entwicklung im Blick.

Ich freue mich, wenn es regnet, denn wenn ich mich nicht freue, regnet es auch.
– Karl Valentin

Mein Leben war voller schrecklicher Unglücke, von denen die meisten nie eingetreten sind.
– Michel de Montaigne

… man soll den Kopf nicht verlieren, bevor er ab ist.
– Baron von Münchhausen

MYTHEN ÜBER GEFÜHLE

MYTHOS #21

GEFÜHLE LÜGEN NICHT

Ihre Familie hat keinen Bock mehr auf den jährlichen Campingurlaub in Holland und drängt Sie dazu, endlich Ihre Flugangst zu überwinden. Doch allein bei der Vorstellung, wie das Flugzeug abhebt, rutscht Ihnen das Herz in die Hose. Sie hören auf Ihr Bauchgefühl und googeln schnell nach schönen Campingplätzen an der Nordsee. Der Mensch ist wohl einfach nicht zum Fliegen gemacht …

Während Ihren Arbeitskolleg*innen die Ahnungslosigkeit im Gesicht steht, glauben Sie die Antwort auf die Frage zu kennen, die Ihr Chef gerade im Team-Meeting gestellt hat. Sie wollen sich melden, merken aber, wie die Wörter einfach nicht über Ihre Lippen kommen wollen. Zu groß ist die Angst, etwas Falsches zu sagen. Also lassen Sie es sein. Schon wieder …

Ihre Freund*innen versuchen, Sie zu überreden, mit ihnen spazieren zu gehen. Sie waren schon lange nicht mehr vor der Tür, das Wetter ist fantastisch, und mit Ihren Freund*innen konnten Sie sonst eigentlich immer sehr viel lachen. Sie fühlen sich aber gerade antriebslos und etwas niedergeschlagen und können sich überhaupt nicht vorstellen, wie sich das ändern soll. Also sagen Sie dankend ab …

Immer wieder lassen wir uns in unserem Verhalten bewusst (und unbewusst) von unseren Gefühlen lenken. Manchmal kann das durchaus sinnvoll sein. Hätte die Natur uns nicht mit Emotionen ausgestattet, wären wir als Spezies längst ausgestorben, da wir uns nicht vor (realer) Gefahr fürchten würden. Ganz ohne Scham, Schuld und Verantwortungsgefühle könnten wir nicht in Gesellschaften zusammenleben. Und wenn wir uns nicht danach sehnen würden, wüssten wir nicht, was uns eigentlich im Leben wirklich wichtig ist.

Obwohl Gefühle wichtige gesellschaftliche Funktionen erfüllen und uns Informationen über unser inneres Erleben liefern, gibt es viele Situationen, in denen wir ihnen nicht bedingungslos trauen können. Vergangene Erlebnisse, Prägungen und soziale Umstände können unsere emotionalen Reaktionen stark beeinflussen. Gefühle beruhen auf Erfahrungen, die von individuellen Interpretationen geprägt sind. Durch kognitive Verzerrungen, wie Schwarz-Weiß-Denken, geben diese subjektiven Bewertungen selten die objektive Realität wieder.

So können wir zum Beispiel zu Hause auf der Couch sitzen, einen Horrorfilm schauen und (wenn es ein guter Horrorfilm ist) richtig Angst bekommen. Das bedeutet aber nicht, dass uns in dem Moment etwas Schlimmes passieren wird. Im Gegenteil, wahrscheinlich sind wir nirgendwo so sicher wie bei uns zu Hause auf der Couch. Es ist irrelevant, ob die

Angst durch einen Film auf einem Bildschirm oder in unserem Kopfkino entstanden ist, sie kann jedenfalls nicht als zwingender Beweis dafür gesehen werden, dass unser Leben gerade in Gefahr ist. Genauso wenig beweist ein Schamgefühl, dass wir etwas falsch machen oder minderwertig sind. Und Niedergeschlagenheit ist auch kein Garant dafür, dass eine schöne Aktivität uns nicht doch etwas Freude bereiten könnte.

Es ist also ratsam, unsere Gefühle kritisch zu reflektieren, sie in den Kontext zu stellen und gegebenenfalls mit anderen Informationsquellen abzugleichen, um eine fundierte und ausgewogene Sicht auf eine Situation zu erhalten.

- Halten Sie belastende Gefühle in einem Tagebuch fest. Notieren Sie jeweils getrennt voneinander die Situation, Ihre Gedanken und die damit verbundenen Emotionen.
- Fragen Sie sich, ob Ihre Bewertungen wirklich der Realität entsprechen. Hinterfragen Sie Ihre Gedanken auf mögliche Denkfehler.
- Versuchen Sie, die Situation aus einer neutralen Perspektive zu betrachten. Stellen Sie sich zum Beispiel vor, wie ein Außenstehender sie bewerten würde.
- Suchen Sie nach alternativen, realistischeren Gedanken, die besser zur Situation passen.
- Erstellen Sie eine Liste mit realistischen und unterstützenden Sätzen, die Sie sich immer wieder sagen, um den negativen Gedanken entgegenzuwirken.
- Stellen Sie sich vor, wie Sie schwierige Situationen mithilfe der neuen alternativen Gedanken bewältigen.

Natürlich heißt das alles nicht, dass Sie sich ab jetzt jeder Angst stellen oder jeder Einladung nachkommen müssen, obwohl Sie eigentlich keine Lust darauf haben. Wichtig wäre nur, dass Sie nicht blind Ihren Gefühlen folgen, sondern Entscheidungen so bewusst wie möglich treffen.

Holland ist auch schön! Man muss nicht jede Frage beantworten, nur weil man die Antwort kennt! Und manchmal will man eben lieber auf der Couch entspannen, als vor die Tür zu gehen. Die Frage ist nur: Sagen Sie das oder sagt das Ihr Gefühl?

ÜBUNG #21: DER WISSENSCHAFTLICHE BLICK

Wenn Sie ein belastendes Gefühl plagt, nehmen Sie eine wissenschaftliche Perspektive ein und überprüfen Sie kritisch, ob Ihr Gefühl wirklich angemessen ist. Gehen Sie die folgenden Fragen der Reihe nach durch und halten Sie Ihre Antworten schriftlich fest.

1. Beschreiben Sie zunächst Ihr Gefühl.
2. Identifizieren Sie den negativen Gedanken, der mit Ihrem Gefühl zusammenhängt.
3. Geben Sie die Wahrscheinlichkeit in Prozent an, dass Ihr Gedanke der objektiven Realität entspricht. Lassen Sie sich bei dieser Einschätzung zu diesem Zeitpunkt nur von Ihrem Bauchgefühl lenken.
4. Sammeln Sie Argumente und Beweise, die dafürsprechen, dass der Gedanke stimmt.

5. Sammeln Sie Argumente und Beweise, die dagegensprechen, dass der Gedanke stimmt.
6. Gewichten Sie die einzelnen Argumente auf einer Skala von 1 bis 10 danach, wie aussagekräftig sie sind, und schreiben Sie die Zahl hinter die Argumente.
7. Lesen Sie sich alle Argumente gründlich durch.
8. Geben Sie dann noch einmal die Wahrscheinlichkeit, dass Ihr Gedanke der objektiven Realität entspricht, in Prozent an. Lassen Sie sich dieses Mal nur von der rationalen Auswertung Ihrer Argumente leiten.
9. Falls Sie zu dem Entschluss kommen, dass Sie die Hypothese widerlegen können, formulieren Sie eine alternative Hypothese, die so rational und konstruktiv wie möglich ist.

MYTHOS #22

EMOTIONEN ENTSTEHEN IN DER GEGENWART

Wenn uns etwas Enttäuschendes oder Ärgerliches passiert, löst das in dem Moment, in dem wir es erleben, emotionale Reaktionen aus. Wenn ich auf der Autobahn mit genau einem Stundenkilometer über der Toleranzgrenze geblitzt werde oder ich stundenlang auf eine Chatnachricht meines Schwarms warten muss, dann kann sich schon mal ein graues Wölkchen über mein Stimmungsfirmament schieben:

Strafzettel → *Verärgerung*
Ausbleibende Antwort → *Ungeduld*

Dass aber gleich ein apokalyptischer Jahrhundertorkan aufzieht, der meine ganze Welt ins Chaos stürzt und in totale emotionale Verzweiflung mündet, passt irgendwie nicht so richtig ins Bild:

Strafzettel → *Totale Hilflosigkeit*
Ausbleibende Antwort → *Panische Trennungsangst*

Die intensiven Gefühle wirken in diesem Fall disproportional zum Schweregrad der gegenwärtigen Situationen. Gefühle entstehen aber nun mal nicht nur aus einzelnen Situationen heraus. Wenn Situationen uns bewusst oder unbewusst an Verletzungen aus der Vergangenheit erinnern, dann können sich die emotionalen Reaktionen der Gegenwart mit den tief sitzenden Gefühlen von früher vermischen:

Strafzettel		*Totale Hilflosigkeit (heute)*
↓		↑
Strenge Bestrafung bei kleinstem Regelverstoß in der Kindheit	→	*Totale Hilflosigkeit (früher)*

Ausbleibende Antwort		*Panische Trennungsangst (heute)*
↓		↑
Verlassenheit und Vernachlässigung in der Kindheit	→	*Panische Trennungsangst (früher)*

Selbst wenn wir als Erwachsene mehr oder weniger erfolgreich gelernt haben, die Welt mit rationalen Augen zu betrachten, so können wir trotzdem immer wieder in Gefühlswelten der Vergangenheit hineinrutschen, oft sogar, ohne dass uns überhaupt bewusst ist, was gerade passiert. Wir tragen alle einen Teil in uns, der noch immer so fühlt, wie wir als Kind gefühlt haben. Je mehr wir uns gegen diese Gefühle, die wir als unangepasst und lästig empfinden, wehren, desto stärker können sie werden.

Die Arbeit mit dem »inneren Kind« ist ein Ansatz, der in verschiedenen Psychotherapien zum Einsatz kommt. Das innere Kind symbolisiert dabei die prägenden Erfahrungen und Gefühle aus der Kindheit. Ziel der Arbeit mit dem inneren Kind ist dabei meistens die Versöhnung mit diesem Teil unserer selbst, den viele Menschen am liebsten unterdrücken wollen.

Wenn aktuelle Situationen starke emotionale Reaktionen in Ihnen auslösen, die Sie als übertrieben oder unangepasst empfinden, können Sie versuchen, mit Ihrem inneren Kind in Kontakt zu treten.

- Nehmen Sie sich Zeit dafür, Ihr inneres Kind wahrzunehmen und zu verstehen, welche prägenden Erfahrungen und Gefühle es erlebt hat.
- Sie können sich bildlich vorstellen, wie Sie neben einer Version von sich selbst sitzen, die genauso alt ist wie das Kind, das Sie waren, als Sie diese prägenden Erfahrungen erlebt haben. Sie können dafür auch ein Foto von sich selbst als Kind benutzen oder einen Gegenstand, den Sie mit Ihrer Kindheit verbinden.
- Schlüpfen Sie dann in die Rolle eines liebevollen Elternteils, der Ihrem inneren Kind Trost und Unterstützung spendet. Seien Sie nicht zu streng mit sich selbst. Versuchen Sie, Ihrem inneren Kind gegenüber die gleiche Haltung anzunehmen, welche Sie gegenüber Ihren eigenen oder anderen Kindern annehmen würden.
- Machen Sie sich bewusst, dass die Gefühle, die Sie als Kind hatten, angebracht und menschlich waren. Als Kind kön-

nen wir uns manchmal zu Recht ausgeliefert, wehrlos und allein fühlen.

- Heute aber ist Ihr inneres Kind nicht mehr allein. Es hat einen Erwachsenen neben sich, der über ausreichend Lebenserfahrung, Wissen und Mittel verfügt, um für sich selbst und das Kind schützend eintreten zu können.
- Geben Sie Ihrem inneren Kind einen Platz in Ihrem Leben und fördern Sie so eine Verbundenheit mit Ihren eigenen Gefühlen und Bedürfnissen. Machen Sie das zum Beispiel symbolisch, indem Sie ein Foto von sich selbst als Kind zu Hause einrahmen oder in der Brieftasche oder als Bildschirmhintergrund auf dem Handy mit sich herumtragen.
- Lernen Sie, Ihr inneres Kind zu verstehen und zu unterstützen, um besser mit aktuellen Herausforderungen und Stresssituationen umzugehen.

Die Arbeit mit Ihrem inneren Kind ermöglicht Ihnen, unbewusste Verhaltensmuster zu erkennen und eine stärkere Beziehung zu sich selbst aufzubauen. Seien Sie geduldig mit sich selbst, denn dieser Prozess kann Zeit in Anspruch nehmen. Zögern Sie nicht, auf professionelle Unterstützung zurückzugreifen, die Sie auf Ihrem Weg begleiten kann. Machen Sie Ihrem inneren Kind bewusst, dass Regenwolken wieder abziehen können und dass Sie beide von jetzt an keinen Sturm mehr alleine durchstehen müssen.

ÜBUNG #22: BRIEFAUSTAUSCH MIT DEM INNEREN KIND

Der Briefaustausch ist eine Möglichkeit, um mit Ihrem inneren Kind in Kontakt zu treten (Young & Klosko, 1994):

- Schreiben Sie Ihr inneres Kind aus der Perspektive des Erwachsenen an. Schreiben Sie dabei mit Ihrer dominanten Hand, mit der Sie auch sonst immer schreiben.
- Versuchen Sie dann, sich in die Rolle des inneren Kindes zu versetzen, und formulieren Sie eine Antwort, welche Sie mit der anderen Hand aufschreiben. Dies mag ungewohnt sein, kann uns aber gerade dadurch helfen, in ein früheres Erleben zurückzufinden, in der das Schreiben für uns noch neu war.
- Versuchen Sie, dem Kind in der Perspektive des Erwachsenen über diesen Briefaustausch mit Verständnis, Trost, Wertschätzung und Akzeptanz zu begegnen.
- Achten Sie aus der Perspektive des Kindes auf Veränderungen in Ihrem Erleben.
- Sie können diese Übung einmalig ausprobieren oder sie regelmäßig wiederholen, wenn Sie merken, dass sie Ihnen guttut.

MYTHOS #23

ES IST WICHTIG, SICH ZU SORGEN

Klimakatastrophe, Finanzkrisen, die nächste Pandemie, politischer Rechtsruck, die Meinung anderer Menschen, Stress, Arbeitsverlust, finanzielle Probleme, Fehlentscheidungen, Kränkungen, Ungerechtigkeit, Familienprobleme, Trennung, Krankheit, Unfälle, die schlechte Form der Fußballnationalmannschaft, Tod.

Es gibt genügend Gründe, sich Sorgen zu machen. Ohne unsere Sorgen wären wir Menschen als Spezies wahrscheinlich längst ausgestorben. Auch heute werden wir in unserem Handeln und Denken noch von der Prämisse geleitet, dass es lebenswichtig ist, über mögliche Gefahren nachzugrübeln. Ganz nach dem Motto: Wer sich nicht sorgt, den frisst der Säbelzahntiger (oder das Finanzamt).

Wir sollten bewusst hinterfragen, wie sinnvoll diese ganzen Sorgen in unserer modernen Welt eigentlich wirklich sind. Dass 99 Prozent der Dinge, über die wir uns Sorgen machen, nie eintreten, liegt wahrscheinlich weniger daran, DASS wir uns so viel gesorgt haben, als daran, dass die Eintrittswahrscheinlichkeit ganz einfach nicht sehr hoch war. Und die Dinge, die tatsächlich eingetreten sind, hätten wir wohl selbst dann nicht verhindern können, wenn wir uns noch länger gesorgt hätten.

Die Frage ist also, ob die Tatsache, dass wir uns sorgen, irgendeinen Einfluss auf den Ausgang unserer Befürchtung nehmen kann. Falls die Antwort ein deutliches JA ist, dann bitte nur weiter so! Wenn wir aber tief in uns drin wissen, dass unsere Grübeleien nicht nur nichts an der Realität ändern werden, sondern uns unser Leben nur noch zusätzlich vermiesen, täten wir besser daran, unsere Energie für etwas anderes aufzubewahren. Ob wir das Auto staubsaugen, ein Rezept für Quiche Lorraine googeln oder eine Runde spazieren gehen – bei jeglicher anderen Aktivität wäre unsere Lebenszeit wahrscheinlich besser investiert.

In der »Metakognitiven Therapie« nach Wells (2009) wird im Gegensatz zu der kognitiven Verhaltenstherapie nicht der Inhalt einer Kognition (eines Gedankens) kritisch hinterfragt, sondern die Metakognition (der Gedanke über den Gedanken).

Kognition:	*Ich befürchte, dass meiner Familie etwas Schlimmes zustoßen könnte!* → Verhaltenstherapie: Wie groß ist die Wahrscheinlichkeit, dass dies passiert, wirklich?
Metakognition:	*Es ist wichtig, solche Gedanken zu haben und sich ständig zu sorgen, um seine Familie zu schützen!* → Metakognitive Therapie: Wie wichtig ist das wirklich?

Weitere Beispiele für Metakognitionen, die uns zum Grübeln verleiten können, sind zum Beispiel:

- *Mir Sorgen zu machen hilft mir, mögliche negative Ereignisse zu verhindern.*
- *Wenn ich genug über etwas nachdenke, kann ich es kontrollieren.*
- *Ohne Sorgen bin ich nicht wachsam genug.*
- *Wenn ich nicht aufhöre, mich zu sorgen, werde ich verrückt.*

Wenn Sie erkennen, dass Ihre Sorgen überhandnehmen, ohne dass sie Ihnen dabei helfen, etwas an Ihrer Lebensqualität zu verbessern, dann versuchen Sie sich von ihnen zu lösen. Dabei können Sie sich von den folgenden Interventionen aus der Metakognitiven Therapie inspirieren lassen:

› Beobachten Sie Ihre eigenen Gedanken, wenn Sie besorgt sind, und versuchen Sie, Metakognitionen wie »Es ist wichtig, dass ich mich sorge« zu identifizieren.
› Hinterfragen Sie die Metakognition und formulieren Sie eine alternative Bewertung, wie zum Beispiel »Es ist menschlich, dass ich mich sorge, aber es hilft mir nicht, wenn sich dadurch nichts an der Realität ändert«.
› Sagen Sie innerlich entschieden »Stopp«, wenn Sie sich Sorgen machen oder grübeln.
› Entscheiden Sie dann bewusst, dass Sie die Sorgen auf einen späteren Zeitpunkt verlegen werden. Legen Sie dafür eine feste Uhrzeit fest, zu der Sie etwa 15 Minuten über Ihre Gedanken nachdenken dürfen, aber nicht müssen.

- Experimentieren Sie damit, Gedanken loszulassen, ohne ihnen weitere Aufmerksamkeit zu schenken. Als Training für losgelöste Achtsamkeit wird in der Metakognitiven Therapie eine Imaginationsübung vorgeschlagen, bei der Sie sich beispielsweise so lebhaft wie möglich einen Tiger vorstellen. Beobachten Sie dabei Veränderungen in der Vorstellung, ohne aktiv einzugreifen. Vielleicht bewegt sich der Tiger oder er verschwindet irgendwann von selbst. Das Gleiche gilt für Ihre Gedanken und Sorgen: Sie können sie wahrnehmen, ohne sich an ihnen festzuklammern oder sie zu unterdrücken.

Der Mensch macht sich Sorgen. Das wird sich so schnell nicht ändern. Wenn wir uns aber angewöhnen, infrage zu stellen, ob wir uns diese Sorgen wirklich machen müssen, können wir genug Distanz aufbringen, um den (Säbelzahn-) Tiger zu beruhigen und ihn vielleicht sogar ziehen lassen.

ÜBUNG #23: AUFMERKSAMKEITSTRAINING

Das Aufmerksamkeitstraining (*Attention Training Technique*, ATT) aus der Metakognitiven Therapie (Wells, 2009) zielt auf eine Steigerung der Flexibilität der Aufmerksamkeit hin. Durch tägliches Üben wird die Fähigkeit verbessert, sich frühzeitig von zirkulären Grübelprozessen zu lösen.

- Zur Vorbereitung brauchen Sie drei verschiedene Geräuschquellen, die Sie permanent hören können (wie das Ticken einer Uhr, das Tropfen eines Wasserhahns oder das Rauschen eines Ventilators). Alternativ können Sie verschiedene Audiodateien aus dem Internet gleichzeitig abspielen.
- Nehmen Sie eine bequeme Haltung ein, fixieren Sie einen Punkt im Raum und versuchen Sie, die Augen offen zu halten, ohne zu blinzeln.
- Richten Sie dann Ihre volle Aufmerksamkeit auf eine der drei Geräuschquellen. Alle anderen Geräusche sind im Moment unwichtig. Bleiben Sie einige Minuten konzentriert bei dieser Geräuschquelle.
- Gehen Sie dann zur zweiten Geräuschquelle über. Alle anderen Geräusche sind im Moment unwichtig.
- Gehen Sie dann zur dritten Geräuschquelle über. Alle anderen Geräusche sind im Moment unwichtig.
- Versuchen Sie dann, Ihre Aufmerksamkeit von den drei Geräuschquellen wegzuleiten und andere Geräuschquellen außerhalb des Raums zu identifizieren (zum Beispiel vorbeifahrende Autos, Vogelgezwitscher, Stimmen). Bleiben Sie jeweils konzentriert bei einer dieser externen Geräuschquellen.

- Zum Schluss richten Sie Ihre Aufmerksamkeit einige Minuten lang gleichzeitig auf alle Geräusche. Versuchen Sie, alles gleichzeitig zu hören. Zählen Sie, wie viele Geräusche Sie gleichzeitig hören können.

MYTHOS #24

GEFÜHLE SIND NUTZLOS

Liebeskummer und Trübsal? Wozu soll das schon gut sein?
Unsicherheit und Nervosität? Wer braucht denn so was?
Eifersucht und Neid? So was von unnötig!
Ärger und Wut? Macht doch nur Bauchweh!
Ekel und Abscheu? Igitt!

Manchmal ist es wirklich schwer nachzuvollziehen, wieso die Natur uns mit etwas derart Überflüssigem wie diesen nervigen und hinterhältigen Gefühlen ausgestattet hat ... Da will man einfach in Ruhe sein Leben genießen, und dann schleichen die sich hinterrücks an! Meistens in Situationen, in denen wir solche Gefühle am wenigsten gebrauchen können. Zum Beispiel kann es vorkommen, dass wir plötzlich nervös werden, wenn wir an einer sehr wichtigen Aufgabe arbeiten, bei der schon der kleinste Fehler mit schlimmen Konsequenzen verbunden wäre! In so einem Fall haben wir doch sicher keinen Nerv, uns auch noch mit so etwas Bescheuertem wie Stress auseinanderzusetzen!

Es ist also nicht verwunderlich, dass wir bewusst oder unbewusst versuchen, unsere Gefühle (zumindest die negativen) zur Seite zu schieben, sie zu ignorieren oder ihnen gar den Krieg zu erklären. Der Haken bei all diesen Strategien besteht jedoch darin, dass das Gefühl dadurch meistens nicht verschwindet, sondern im Gegenteil oft noch verstärkt wird.

Tatsächlich sind Gefühle nicht nur überflüssiger Ballast, sondern eine fundamentale Facette des menschlichen Erlebens. Negative Gefühle spielen eine zentrale Rolle in unserer körperlichen, geistigen und sozialen Entwicklung.

Dabei hat jede einzelne Emotion eine spezifische Funktion:

- *Stress* weist uns darauf hin, dass uns etwas sehr wichtig ist, und mobilisiert alle inneren Ressourcen, die wir benötigen, um eine Herausforderung zu meistern.
- *Trauer* dient dazu, Verluste und schmerzhafte Ereignisse zu verarbeiten. Sie ermöglicht es uns, die Bedeutung von Beziehungen und Erfahrungen zu schätzen.
- *Traurigkeit* kann uns darauf hinweisen, dass uns etwas fehlt, und uns dazu bewegen, uns von unerreichbaren Zielen zu lösen.
- *Angst* weist uns auf potenzielle Gefahren und Bedrohungen hin. Sie hilft uns, Vorsichtsmaßnahmen zu treffen und uns auf Kampf oder Flucht vorzubereiten.
- *Wut* hilft uns, Grenzen zu setzen, Bedrohungen abzuwehren und unsere Interessen zu verteidigen. Sie kann auch als Antrieb dienen, Veränderungen herbeizuführen.
- *Ekel* weist uns auf potenziell unhygienische Situationen hin und bewahrt uns davor, schädliche Substanzen aufzunehmen.

- *Eifersucht* kann uns verdeutlichen, wie wichtig uns eine Beziehung ist, und uns bewusst machen, was wir nicht verlieren möchten.
- *Schuld* weist uns auf ein Fehlverhalten hin und motiviert uns, es wiedergutzumachen oder dieses Verhalten in Zukunft zu vermeiden.
- *Scham* dient dazu, uns vor sozialer Ablehnung zu schützen, indem sie uns dazu ermutigt, soziale Normen und Erwartungen einzuhalten.

Wenn wir diese Funktionen verstehen, dann können wir negative Gefühle auch besser annehmen und so aus einer Spirale aussteigen, in der wir uns sonst immer weiter verfangen würden.

› Wenn Sie merken, dass negative Gefühle Sie zunehmend belasten, versuchen Sie bewusst, die zugrunde liegende Funktion zu identifizieren.

› Hinterfragen Sie, ob diese Funktion in der aktuellen Situation wirklich erfüllt ist. Weist Ihre Angst Sie zum Beispiel wirklich auf eine reale Gefahr hin oder wird sie durch irrationale Bewertungen ausgelöst? Bedeuten Ihre Schuldgefühle wirklich, dass Sie sich objektiv gesehen schuldig gemacht haben, oder empfinden Sie das nur so? Ist Ihre Wut an die Situation angepasst und hilft sie Ihnen wirklich dabei, Ihre Rechte zu verteidigen, oder macht sie Sie nur noch unzufriedener?

› Nehmen Sie die Gefühle oder die Anteile Ihrer Gefühle, bei denen Sie erkennen, dass sie eine Funktion erfüllen, an.

› Bewerten Sie die Gefühle oder die Anteile Ihrer Gefühle,

die Ihnen nicht dabei helfen, reale Gefahren abzuwehren oder Ihre Lebensqualität zu verbessern, als dysfunktional und lösen Sie sich allmählich von ihnen.

Gefühle können lästig und oft ganz schön unangenehm sein. Ob wir wollen oder nicht, sie sind aber nun mal ein Teil von uns. Dadurch, dass wir uns ihnen aufmerksam zuwenden, können wir ihre Botschaften besser verstehen und angepasst reagieren. Wer braucht denn diese ganze Gefühlsduselei, denken Sie? Die Vorstellung, sich mit Ihren innersten Gefühlen auseinanderzusetzen, macht Sie jetzt bereits nervös? Super, dann können Sie gleich loslegen! Was bedeutet diese Nervosität wohl?

ÜBUNG #24: DAS INNERE GEFÜHLSTEAM

Manchmal können wir mehrere Gefühle gleichzeitig empfinden. In diesem Fall kann es schwierig sein, zugrunde liegende Funktionen zu erkennen. Angelehnt an das Konzept des »Inneren Teams« (Schulz von Thun, 2011), schlage ich Ihnen die folgende Übung vor:

- Stellen Sie sich vor, dass Sie in einem Raum sind, in dem sich Ihre verschiedenen Gefühle als Mitglieder Ihres »Inneren Gefühlsteams« versammeln.
- Identifizieren Sie alle anwesenden Teammitglieder und geben Sie ihnen einen Namen.
- Rufen Sie in Ihrer Vorstellung nacheinander jedes Teammitglied

einzeln auf. Beobachten Sie, wie es aussieht, sich anfühlt und sich verhält.

- Fragen Sie die Teammitglieder, warum sie in Ihrem »Inneren Team« sind und welche Funktion sie haben. Hören Sie aufmerksam zu, um ihre Perspektiven zu verstehen.
- Ermutigen Sie die Teammitglieder, miteinander zu sprechen und zusammenzuarbeiten. Fragen Sie, wie sie gemeinsam dazu beitragen können, Ihr Wohlbefinden und Ihre Entscheidungsfindung zu verbessern.
- Bedanken Sie sich bei jedem Mitglied Ihres »Inneren Teams« für seine Beiträge. Stellen Sie sich vor, wie die Mitglieder sich in Harmonie zusammenfinden, um auf ein gemeinsames Ziel hinzuarbeiten.
- Nehmen Sie sich Zeit, um darüber nachzudenken, welche Erkenntnisse Sie gewonnen haben und wie Sie diese in Ihrem Alltag anwenden können.

MYTHOS #25

STRESS IST LEISTUNGSFÖRDERLICH

Wir gönnen uns wenig Schlaf und verbieten uns Pausen.
Wir lassen Mahlzeiten aus und puschen uns mit Koffein, Zucker oder anderen Drogen auf.
Wir ignorieren Warnsignale des Körpers und vernachlässigen unsere Gesundheit.
Unter Stress gehen wir manchmal ganz schön brutal mit uns selbst um.
Doch wieso tun wir uns das alles an? Wir sind doch eigentlich keine Masochisten! Wenn wir uns den ganzen Stress machen, dann doch, weil wir davon überzeugt sein müssen, dass wir dabei etwas gewinnen können!

Erzielte Leistung ist in unserem individuellen und gesellschaftlichen Verständnis unmittelbar mit dem Stress verbunden, den wir uns machen. Wir haben verinnerlicht, dass die Wahrscheinlichkeit, unsere Ziele zu erreichen, direkt an den Druck geknüpft ist, unter dem wir an diesen Zielen arbeiten. Je mehr Stress, desto höher die Leistung. Perfektion scheint also lediglich eine Frage des Leistungsdrucks zu sein.

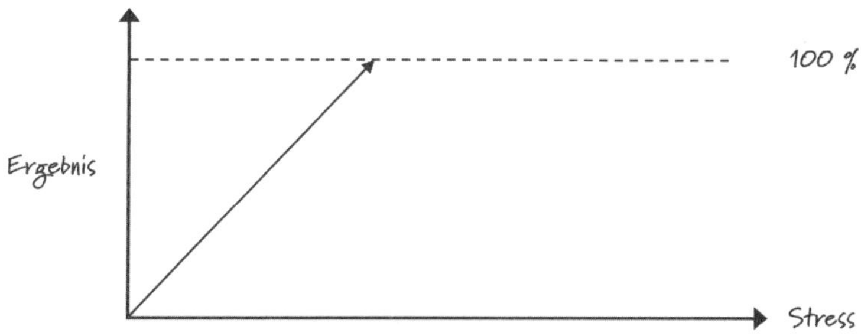

Positiver Stress (»Eustress«) kann tatsächlich die Motivation erhöhen und die Leistungsfähigkeit steigern. In Situationen, in denen eine gewisse Anspannung oder Herausforderung besteht, wird durch Adrenalinausschüttung die Konzentration gesteigert und kurzfristig die kognitive und physische Leistung verbessert.

Negativer Stress (»Distress«) hingegen vermag die Leistungsfähigkeit zu beeinträchtigen, da er zu Konzentrations- und Gedächtnisproblemen sowie Erschöpfung führen kann. Dieser Typ von Stress tritt auf, wenn die Anforderungen oder Belastungen, denen eine Person ausgesetzt ist, ihre Bewältigungsfähigkeiten übersteigen. Die Leistungskurve steigt mit zunehmendem Stress also irgendwann nicht nur nicht mehr weiter an, sondern nimmt sogar deutlich ab.

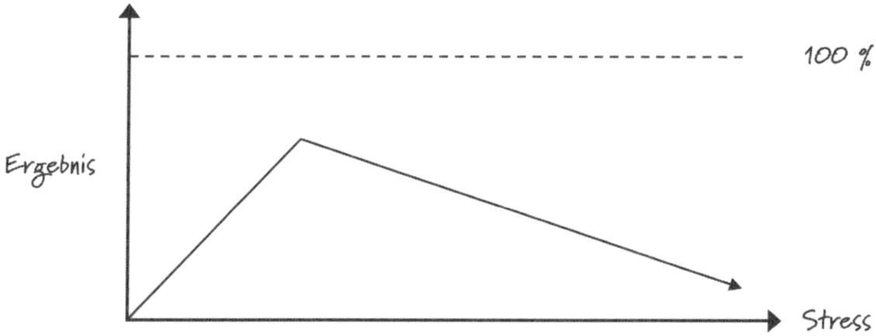

Übermäßiger oder lang anhaltender Distress kann zudem zu körperlichen und psychischen Gesundheitsproblemen wie zum Beispiel Angstzuständen, Schlafstörungen und Herz-Kreislauf-Erkrankungen führen.

Aber selbst wenn es möglich wäre, die negativen Auswirkungen von Stress auf die Leistungsfähigkeit außen vor zu lassen, müsste der lineare Zusammenhang zwischen Stress und Leistung angezweifelt werden. Wenige Leistungskurven verlaufen nach einem exakt proportionalen Zusammenhang, bei dem eine Aufwandssteigerung von x Prozent immer zu einer Leistungssteigerung von x Prozent führt. Stattdessen ist es in den meisten Fällen so, dass die Kurve zunächst linear verläuft, dann aber zunehmend abflacht, je näher sie der 100-Prozent-Marke kommt. Das Verhältnis ist dann plötzlich nicht mehr proportional: Für eine weitere Leistungssteigerung von x Prozent ist ein Anstieg von x Prozent Stress nicht mehr ausreichend. Stattdessen wird exponentiell immer mehr Aufwand benötigt, um auch nur das kleinste bisschen zusätzlichen Leistungsgewinn zu erzielen.

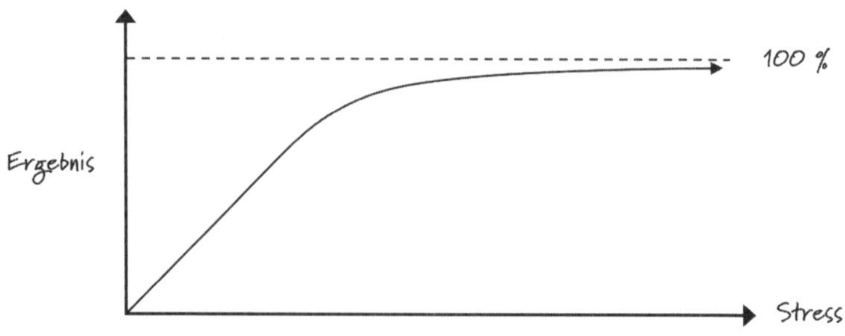

Die Kunst ist also, rechtzeitig zu erkennen, wann der Punkt erreicht ist, ab dem jeglicher zusätzlicher Aufwand nicht mehr in einem sinnvollen Verhältnis zu der Möglichkeit zusätzlicher Leistungssteigerung steht.

- Wenn Sie wegen einer Arbeit, einer Aufgabe oder einem selbst gesetzten Ziel unter Stress geraten, stellen Sie sich bewusst die Frage, wo Sie sich im Moment auf Ihrer Leistungskurve befinden.
  Sind die Zeit, der Aufwand, die Energie und der Stress, die Sie jetzt noch investieren müssten, um Ihr Resultat um weitere 10, 1 oder 0,1 Prozent zu verbessern, wirklich sinnvoll?
- Erkennen Sie vielleicht sogar, dass sich Ihre Leistung oder Ihre Erfolgswahrscheinlichkeit unter mehr Druck zu verschlechtern droht?
- Ziehen Sie bewusst einen Schlussstrich unter eine Aufgabe, bei der Sie erkennen, dass jeglicher zusätzlicher Aufwand in keinerlei Verhältnis zu einer weiteren Leistungssteigerung steht. Vielleicht können Sie zu einem späteren Zeitpunkt mit abgekühltem Kopf noch einmal neu abwägen, ob sich ein weiterer Energieaufwand lohnt oder nicht.

Insgesamt hängt die leistungsförderliche Wirkung von Stress von der individuellen Wahrnehmung, der Art der Herausforderung und der Fähigkeit ab, damit umzugehen. Es gibt also kein Pauschalrezept, das uns sagt, wie viel Stress wir uns zu welchem Zeitpunkt machen sollten. Um unsere Gesundheit und unser Wohlbefinden langfristig zu erhalten und um unsere Zeit und Energie nicht unnütz zu verschwenden, zahlt sich ein bewussteres Zeitmanagement aber sicher aus.

ÜBUNG #25: FEIERABEND

Wenn eine wichtige Aufgabe vor uns liegt, bestimmen wir in der Regel einen Zeitpunkt, an dem wir anfangen wollen (oder wir stürzen uns einfach sofort in die Arbeit), planen aber nicht unbedingt, wie lange wir maximal arbeiten wollen. Obwohl lange Arbeitsstunden erfahrungsgemäß zu Nachlässigkeit und Ermüdung führen und die Arbeitsleistung beeinträchtigen, kann die Illusion, noch mehr Leistung erzielen zu können, es schwierig machen loszulassen. Was wir also bräuchten, wäre ein deutliches Feierabendsignal. So eines wie das Krächzen des Urzeitvogels, das in dem Intro der *Familie Feuerstein* das Schichtende ankündigte und Fred Feuerstein mit einem herzhaften »Yabba Dabba Doo!« in den Feierabend gleiten ließ!

- Ein im Voraus festgelegter Feierabend zwingt Sie dazu, Ihre Zeit effektiver zu nutzen und sich auf die wichtigsten Aufgaben zu konzentrieren, während Sie gleichzeitig Raum für Erholung schaffen.
- Planen Sie also ein fest definiertes, realistisches Arbeitszeitfenster, das Sie davor bewahrt, den Punkt zu überschreiten, an dem Sie noch leistungsfähig sind.
- Eine neue Gewohnheit einzuführen kann schwierig sein. Greifen Sie deshalb auf Erinnerungshilfen zurück. Programmieren Sie zum Beispiel eine Handyerinnerung, die (so wie der Gong oder

das Läuten früher in der Schule) unweigerlich den Feierabend einläutet.

- Führen Sie ein festes Feierabendritual ein, das Sie immer zum gleichen Zeitpunkt wiederholen. Legen Sie beispielsweise fest, wie Sie Ihre Arbeitssachen wegräumen, Ihre Bürotür schließen und bewusst in Ihre Freizeit switchen.

MYTHOS #26

ANSPRECHEN MACHT'S SCHLIMMER

Wir trauen uns, Berge zu besteigen und Ozeane zu überqueren, wagen uns tapfer dorthin, wo noch kein Mensch zuvor gewesen ist, und trotzen täglich in rollenden Sardinenbüchsen dem Chaos des Feierabendverkehrs.

Wir Menschen sind schon mutige Wesen!

Eine unüberwindbare Hürde scheint es für viele aber doch noch zu geben: das Gespräch über psychische Belastungen. Oft fehlt der Mut, wenn es darum geht, eigene Probleme auszudrücken oder andere Menschen auf ihre Psyche anzusprechen.

Es dürfte längst nicht mehr so sein, aber das Thema der mentalen Gesundheit ist gesellschaftlich noch immer schambehaftet und löst bei vielen Überforderung aus. So können wir zögern, Mitmenschen auf ihre psychische Gesundheit anzusprechen, obwohl wir bereits den Verdacht haben, dass es ihnen nicht so gut geht. Die Vorstellung, diese Büchse der Pandora zu öffnen und gegen den Inhalt nicht gewappnet zu sein, kann Angst auslösen. Besonders die Befürchtung, es gerade durch das Ansprechen noch schlimmer zu machen, kann uns untätig bleiben lassen.

In der Folge wird die notwendige Hilfe oft viel zu spät angeboten, gesucht und in Anspruch genommen. Dabei wissen wir längst, dass eine frühzeitige Erkennung und Behandlung psychischer Probleme die Lebensqualität maßgeblich verbessern können. Viele Betroffene berichten, dass sie es als enorme Erleichterung erleben, wenn sie sich jemandem anvertrauen oder aus dem Umfeld endlich jemand wagt nachzufragen, wie es ihnen wirklich geht. Es wird ihnen dadurch verdeutlicht, dass es okay ist, über Gefühle zu sprechen, und dass sie nicht damit allein sind.

Im Gespräch wird diffuses emotionales Erleben mit Wörtern besetzt. Für diesen Prozess des Verbalisierens wird Aktivität im präfrontalen Kortex benötigt, einer Hirnregion, in der Gefühle bewusst verarbeitet und in ein Gesamtbild eingeordnet werden. Allein das Sprechen über Gefühle hilft also dabei, sich von diesen Gefühlen zu distanzieren und lösungsorientierter zu handeln.

Auch die Vorbehalte, eine Person bei Verdacht auf Suizidgedanken anzusprechen, die sogar Ärzt*innen und Psycholog*innen befallen können, sind in diesem Sinne unbegründet. Suizidgedanken werden nicht schlimmer, nur weil sie angesprochen werden. Im Gegenteil, darüber zu sprechen kann in diesem Fall tatsächlich Leben retten.

Falls Sie merken, dass eine Ihnen nahestehende Person sich seit einem längeren Zeitraum (etwa über mehrere Wochen) anders verhält als gewöhnlich (wenn sie sich zum Beispiel mehr und mehr zurückzieht, ständig müde ist, sich öfter krankmeldet oder mehr Alkohol konsumiert) oder Sie andere

Anzeichen dafür erkennen, dass es dieser Person eventuell psychisch nicht gut geht, trauen Sie sich, dies anzusprechen. Die folgenden Strategien können Ihnen dabei helfen:

- Informieren Sie sich, wenn möglich vor dem Gespräch, welche Hilfsmöglichkeiten Sie der Person anbieten können, falls diese sich dafür bereit zeigen sollte.
- Vermeiden Sie Gespräche zwischen Tür und Angel, sondern überlegen Sie sich im Voraus, welcher Zeitpunkt und welcher Ort sich dafür eignen könnten. Sie sollten ungestört sein und genug Zeit vorsehen.
- Machen Sie lediglich ein Angebot für ein Gespräch und drängen Sie die Person nicht, über ihre Gefühle zu sprechen, wenn sie sich dazu nicht bereit fühlt. Sie können Ihr Angebot in diesem Fall zu einem späteren Zeitpunkt wiederholen.
- Drücken Sie Ihre Sorgen klar aus. Auch wenn es Sie Überwindung kosten kann, stellen Sie bei Verdacht die Frage nach Suizidgedanken möglichst deutlich und ohne um den heißen Brei herumzureden.
- Achten Sie auf eine mitfühlende und wertneutrale Haltung.
- Verzichten Sie auf voreilige Ratschläge und hören Sie aufmerksam zu. Stellen Sie offene Fragen, die es Ihrem Gegenüber ermöglichen, sich frei auszudrücken.
- Bieten Sie schließlich Ihre Unterstützung an. Schlüpfen Sie aber nicht selbst in die Rolle des/der Therapeut*in, sondern schlagen Sie der Person vor, sich zusammen nach professionellen Hilfsmöglichkeiten zu erkundigen.

- Falls Sie sich fortbilden wollen, gibt es vielerorts Kurse in Erster Hilfe für psychische Gesundheit, in denen unter anderem Strategien der Gesprächsführung vermittelt werden.

So oder so können Sie weniger falsch machen, wenn Sie eine Person auf ihr psychisches Wohl ansprechen, als wenn Sie es nicht tun würden. Seien Sie also ein mutiges Wesen!

ÜBUNG #26: VERBALISIEREN

Das Verbalisieren von Gefühlen und Gedanken ist ein wichtiger Bestandteil zahlreicher therapeutischer Ansätze. Durch das Ausdrücken von Gefühlen und Gedanken in Worten wird beides bewusster und greifbarer. Wir können Distanz schaffen und emotionalen Druck besser ablassen.
Neben dem Gespräch mit einer Vertrauensperson oder einem/einer Expert*in gibt es viele andere Möglichkeiten, den Effekt der Verbalisierung zu nutzen.

- Wenn Sie unangenehme Gefühle verspüren, gewöhnen Sie sich an, diese genau zu benennen. Begnügen Sie sich nicht mit einem pauschalen »Ich fühl mich mies«, sondern suchen Sie nach einer präzisen Formulierung für Ihr Gefühl. Beschreiben Sie die Intensität des Gefühls möglichst genau, indem Sie beispielsweise eine Skala von 1 bis 10 nutzen.
- Wenn es im Moment nicht möglich ist, sich jemandem in Ihrem Umfeld anzuvertrauen, oder wenn Sie sich dafür nicht bereit

fühlen, kann es vielleicht leichter sein, bei einer Telefonhotline anzurufen oder einer Hilfseinrichtung zu schreiben.

- Sie können sich auch einfach nur vorstellen, mit jemandem zu reden. Schließen Sie hierfür die Augen und stellen Sie sich möglichst deutlich vor, wie Sie sich in einer Gesprächssituation mit einer Person befinden. Dies kann eine Person sein, die Ihnen nahesteht, genauso kann dies ein/e Ärzt*in, ein/e Therapeut*in oder eine Person aus der Öffentlichkeit sein. Stellen Sie sich vor, wie Sie mit dieser Person offen über Ihre Gefühle sprechen.
- Halten Sie Ihre Gefühle und die damit verbundenen Ereignisse und Gedanken täglich in einem Gefühlstagebuch fest.
- Nehmen Sie sich selbst dabei auf, wie Sie über Ihre Gefühle sprechen, und hören Sie sich die Aufnahme danach an.
- Drücken Sie Ihre Gefühle in einem Brief an Ihr zukünftiges, vergangenes oder gegenwärtiges Ich aus. Oder schreiben Sie einer anderen Person, ohne den Brief abzusenden.

MYTHOS #27

AKZEPTIEREN HEISST KAPITULIEREN

Angesichts eines übermächtigen Gegners ist es wichtig, nicht aufzugeben, sondern bis zum Schluss zu kämpfen und notfalls den Märtyrertod zu sterben!
Eine angebetete Person, die unsere eigenen Gefühle nicht erwidert, muss nur so lange bearbeitet werden, bis sie ihre Meinung ändert!
Auch wenn der Körper bereits mit Bluthochdruck und Magengeschwüren reagiert, müssen weiter Überstunden geschoben werden, um im Haifischbecken zu bestehen!

Einen Rückschlag anzunehmen oder sich von einem unerreichbaren Ziel zu lösen kann für viele Menschen ein sehr schwieriges Unterfangen darstellen. Zu schwer wiegt der bittere Beigeschmack der Niederlage. Akzeptieren, dass ein Kampf nicht zu gewinnen ist, würde in dem Sinne nämlich bedeuten, ihn bereits verloren zu haben. Für viele Menschen heißt verlieren, schwach zu sein. Und im Überlebenskampf der Stärkeren werden die Schwächeren nun mal gefressen. In dieser Scheinlogik, die uns evolutionär-biologisch und gesellschaftlich einprogrammiert ist, wird nachvollziehbar, wieso das Loslassen uns manchmal so verdammt schwerfallen kann. In einer Welt, die ständig im Wandel begriffen ist, spielt das Akzeptieren allerdings eine entscheidende Rolle für unser Wohlbefinden. Akzeptanz bezieht sich auf die Fähigkeit, uns selbst, andere Menschen und Situationen ohne Werturteile oder Vorbehalte so anzunehmen, wie sie sind.

Wenn Sie Ihre Akzeptanzfertigkeiten verbessern möchten, können Sie sich zum Beispiel am Training emotionaler Kompetenzen nach Berking (2017) orientieren, in dem fünf Schritte der Akzeptanzförderung vorgeschlagen werden:

1. Das Festlegen der Akzeptanz als Ziel: Selbst wenn es schwerfällt, ist es wichtig, sich bewusst das Ziel zu setzen, die gegenwärtigen Reaktionen und Emotionen ruhig anzunehmen und wenn notwendig auch zu ertragen.
2. Stärkung des Ziels durch Begründung: Im Anschluss geht es darum, dieses Ziel zu festigen, etwa indem man sich bewusst macht, welche Vorteile es haben kann, die eigenen Gefühle anzuerkennen (weil man beispielsweise nicht mehr impulsiv auf Gefühle reagieren möchte oder bereits die Erfahrung gemacht hat, dass Gefühle stärker werden, wenn man gegen sie ankämpft).
3. Wahrnehmung der Gefühle als Alliierte: Besonders förderlich für die Akzeptanz ist es, eine positive Haltung gegenüber seinen Gefühlen zu kultivieren. Die Einsicht, dass Emotionen eine Funktion erfüllen und uns eigentlich nur dazu dienen sollen, besser auf schwierige Situationen zu reagieren, kann uns dabei helfen, sie als Verbündete und nicht als Gegner zu betrachten.

4. Bewusstmachung der eigenen Widerstandsfähigkeit: Hierbei ist es nützlich, sich ins Gedächtnis zu rufen, welche schwierigen Situationen und negativen Gefühle man in der Vergangenheit bereits ertragen hat, um aktuellen Situationen selbstbewusster entgegentreten zu können.
5. Bewusstmachung der Vergänglichkeit von Emotionen: Zu guter Letzt ist es wichtig, sich bewusst zu machen, dass negative Emotionen nicht ewig andauern, sondern veränderlich sind – selbst dann, wenn man nicht aktiv versucht, sie zu beeinflussen.

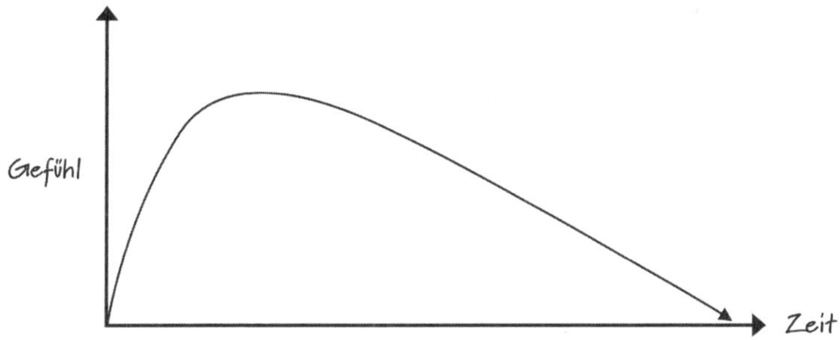

In schwierigen Situationen kann das Akzeptieren helfen, innere Ruhe zu finden und besser mit Herausforderungen umzugehen. Anstatt gegen den Strom anzukämpfen oder die Realität zu leugnen, können wir durch das Akzeptieren einen klaren Kopf bewahren und konstruktive Lösungen suchen. Dies ermöglicht es uns, flexibel auf Veränderungen zu reagieren und unsere mentale Widerstandsfähigkeit zu stärken.

Es ist jedoch wichtig zu betonen, dass Akzeptanz nicht

gleichbedeutend mit Passivität ist, wir uns also mit unerwünschten Situationen abfinden oder negative Verhaltensweisen tolerieren sollen. Stattdessen ermutigt uns das Akzeptieren, bewusste Entscheidungen zu treffen, um den bestmöglichen Einfluss auf unsere Umstände und unsere Zukunft zu nehmen.

Kämpfen Sie also keinen Kampf, bei dem Sie nicht auf sich selbst wetten würden! Jemanden, der trotz einer klaren Absage seines Schwarms nicht aufgibt, nennt man heute keinen hoffnungslosen Romantiker mehr, sondern einen unheimlichen Stalker. Und wenn Ihr Körper, Ihre Freund*innen, Familie oder Arztrechnungen Ihnen zu verstehen geben, dass jetzt auch mal gut ist, sollten Sie vielleicht zuhören. Nicht, weil Sie schwach sind, sondern weil Sie stark bleiben wollen!

ÜBUNG #27: ZWEI HÄNDE

Die Akzeptanz- und Commitment-Therapie (ACT) ist ein Ansatz, der dazu ermutigt, Gedanken und Gefühle anzunehmen, statt gegen sie anzukämpfen. Sollte es Ihnen schwerfallen, Stressgedanken, die Sie gerade belasten, loszulassen, schlage ich Ihnen die folgende ACT-Übung nach Harris (2019) vor:

- Wenden Sie sich zunächst einem Gedanken oder einem Gefühl zu, mit dem Sie aktuell kämpfen oder in dem Sie immer wieder feststecken.

- Legen Sie Ihre Hände nebeneinander vor sich wie ein aufgeschlagenes Buch. Stellen Sie sich vor, dass Ihre Hände diese Gedanken und Gefühle repräsentieren.
- Heben Sie nun Ihre Hände vor Ihr Gesicht und bedecken Sie Ihre Augen. Stellen Sie sich vor, Sie müssten in diesem Zustand eine wichtige Aufgabe erledigen oder mit Menschen interagieren.
- Bewegen Sie nun Ihre Hände ein bisschen von Ihrem Gesicht weg. Wie fühlt sich das an? Was können Sie jetzt sehen? Welche Handlungen könnten Sie jetzt ausführen? Bewegen Sie Ihre Hände langsam weiter weg und achten Sie darauf, wie viel mehr Sie sehen könnten, wenn Ihre Gedanken etwas weiter entfernt wären.
- Legen Sie Ihre Hände schließlich auf Ihren Schoß und spüren Sie, wie viel leichter es nun wäre, mit anderen Menschen zu interagieren oder Aufgaben zu erledigen.

Es ist nicht das Ziel der Übung, Gedanken oder Gefühle gänzlich loszuwerden. Es geht nicht darum, sie zu besiegen oder zu widerlegen. Ihre Gedanken sind immer noch da. Jedoch ist es möglich, sich so von ihnen zu distanzieren, dass Sie wieder andere Aspekte wahrnehmen können. Achten Sie im Alltag darauf, wie häufig Ihre Gedanken Sie so stark einschränken, dass Sie Ihre Umgebung und Ihr Leben nicht mehr richtig wahrnehmen können. Denken Sie dann an diese Übung und versuchen Sie, so gut es geht, loszulassen.

MYTHOS #28

TRAUER VERLÄUFT IN FÜNF PHASEN

Trauer ist wahrscheinlich die schlimmste und unangenehmste aller menschlichen Empfindungen. Oft versuchen wir, sie so lange wie möglich vor uns herzuschieben und uns am besten gar nicht erst mit ihr auseinanderzusetzen. Dabei ist Verlust eine universelle Erfahrung. Er kann den Tod eines nahestehenden Menschen, das Ende einer Beziehung oder andere bedeutende Lebensveränderungen betreffen. Ob wir wollen oder nicht, früher oder später werden wir alle mit Verlusterfahrungen konfrontiert.

In der Literatur zur Trauerverarbeitung wird vielerorts erklärt, dass der menschliche Trauerprozess verschiedene Phasen durchlaufen muss. Solche Stufenmodelle kommen auch in der Trauerberatung zum Einsatz, um das, was für uns alle so schwer zu greifen ist, verständlich zu machen und mit der Vorstellung, dass jeder Trauerprozess ein Ende hat, Trost zu spenden. Am bekanntesten ist dabei das Fünf-Phasen-Modell der Trauer nach Elisabeth Kübler-Ross (1969):

1. *Verleugnung*: Diese Phase dient als Schutzmechanismus, um den anfänglichen Schock zu mildern.

2. *Zorn*: In der zweiten Phase manifestiert sich Zorn als eine Reaktion auf das Gefühl der Hilflosigkeit.
3. *Verhandeln*: In der dritten Phase wird versucht, eine Art »Handel« mit Gott oder dem Universum abzuschließen, um den Verlust rückgängig zu machen.
4. *Depression*: Die vierte Phase ist durch tiefe Traurigkeit und Hoffnungslosigkeit gekennzeichnet und kann zu Schwierigkeiten in der Alltagsbewältigung führen.
5. *Akzeptanz*: In der letzten Phase beginnt die Person, die Realität des Verlusts anzuerkennen.

Selbst wenn die meisten Stufenmodelle darauf hinweisen, dass die Phasen nicht unbedingt bei jedem in der gleichen Reihenfolge verlaufen und individuell variieren, wird doch suggeriert, dass es so etwas wie die »richtige« Art des Trauerns gibt. Als ob jede*r, die/der sich nicht an dieses Handbuch hält, »falsch« oder nicht ausreichend trauere. Diese Vorstellung kann Druck aufbauen und Schuldgefühle auslösen, wodurch Betroffene noch weiter belastet werden.

Dabei wissen wir längst, dass es große Unterschiede in der emotionalen Trauerreaktion gibt, welche von der Persönlichkeit, dem Kontext und der Bedeutung des Verlusts beeinflusst werden. Trauer ist eine sehr individuelle Erfahrung, welche von jedem Menschen auf seine eigene Weise und in seinem eigenen Tempo verarbeitet wird. Neuere Ansätze betonen daher die Notwendigkeit eines individualisierten Trauerverständnisses, wobei kulturelle, soziale und persönliche Unterschiede berücksichtigt werden müssen.

Sollten Sie selbst mit einer Verlusterfahrung konfrontiert

werden, dann achten Sie darauf, sich nicht in eine fixe Vorstellung davon zu verbeißen, wie Ihr Trauerprozess abzulaufen habe. Achten Sie stattdessen auf Ihre individuellen Bedürfnisse.

- Es ist völlig okay, alle Emotionen zuzulassen, die in Ihnen aufkommen – sei es Wut, Traurigkeit, Verwirrung oder sogar Momente der Freude über schöne Erinnerungen. Jedes Gefühl ist legitim und ein natürlicher Bestandteil des Trauerprozesses.
- Gleichzeitig ist es okay, sich Auszeiten von Ihren Gefühlen zu erlauben, in denen Sie Aktivitäten planen, die Sie ablenken und kurzfristige positive Emotionen hervorrufen können.
- Achten Sie auf Ihre Grundbedürfnisse. Sorgen Sie für ausreichenden Schlaf, eine ausgewogene Ernährung und regelmäßige Bewegung.
- Nehmen Sie Unterstützung von Menschen an, die Ihnen nahestehen, und zögern Sie nicht, auf die Hilfe professioneller Helfer*innen wie Therapeut*innen oder Trauerbegleiter*innen zurückzugreifen.
- Seien Sie geduldig mit sich selbst: Es gibt keine »richtige« Art zu trauern. Jeder Mensch bewältigt Verlust anders. Vergleichen Sie sich nicht mit anderen und erlauben Sie sich, Ihre eigenen Gefühle anzunehmen.
- Vertrauen Sie darauf, dass Sie mit der Zeit Wege finden werden, nach vorne zu schauen und Schritt für Schritt in ein neues Kapitel Ihres Lebens zu treten.
- Sollte Ihre Trauer Sie auch nach längerer Zeit in Ihrer Le-

bensfreude stark beeinträchtigen, zögern Sie nicht, auf professionelle Hilfe zurückzugreifen.

Betrachten Sie einen Trauerprozess nicht wie einen IKEA-Schrank, für den es eine klare Montageanleitung gibt. Erwarten Sie weder von anderen noch von sich selbst, dass der Schrank nach fünf gedrehten Schrauben steht, sondern achten Sie darauf, was sich für Sie passend anfühlt.

ÜBUNG #28: WAS ICH NOCH SAGEN WOLLTE

Verlusterfahrungen können uns nicht nur mit tiefer Trauer, sondern auch mit offenen Fragen und viel Unausgesprochenem zurücklassen. Das Nichtgesagte in Form eines Abschiedsbriefes aufzuschreiben kann sich als wertvolle Unterstützung im Loslöseprozess erweisen. Der Brief kann sich an eine verstorbene Person richten oder an einen Teil Ihres Lebens, von dem Sie Abschied nehmen wollen.

- Nehmen Sie sich für diese Übung ausreichend Zeit. Wenn Sie sich bereit dafür fühlen, können Sie anfangen, Ihre Gedanken, Fragen, Wünsche und Empfindungen in Briefform zu Papier zu bringen.
- Schreiben Sie schöne Erinnerungen auf, die Sie mit der verstorbenen Person oder dem vergangenen Teil Ihres Lebens verbinden.
- Wenn es unerledigte Dinge gibt, die Sie gerne gesagt oder getan hätten, können Sie diese im Brief ansprechen. Es ist eine Möglichkeit, Abschied zu nehmen und inneren Frieden zu finden.

- Nachdem Sie den Brief geschrieben haben, können Sie selbst entscheiden, was Sie damit machen wollen. Sie können ihn noch einmal durchgehen und ihn sich vielleicht sogar selbst laut vorlesen. Oder Sie bewahren den Brief an einem besonderen Ort auf, vergraben oder verbrennen ihn, je nachdem, was sich für Sie richtig anfühlt.
- Zögern Sie nicht, sich therapeutische Begleitung zu suchen, um sich bei diesem Trauerritual unterstützen zu lassen.

MYTHOS #29

EINMAL TRAUMATISIERT, IMMER TRAUMATISIERT

Wissen Sie noch, was Sie am 11. Oktober 2001 so gemacht haben? Wie sieht es mit dem 11. September 2001 aus? Wenn es Ihnen so geht wie mir (und wenn Sie alt genug sind), dann werden Sie, sofern Sie dieses Datum nicht mit einem persönlichen Ereignis verbinden, keine konkrete Erinnerung mehr an einen so unscheinbaren Tag wie den 11. Oktober 2001 haben, während die Terroranschläge in den USA gleich eine ganze Flut an Eindrücken hochkommen lassen. Befragt man Menschen zu diesem Tag, werden auch mehr als 20 Jahre später noch erstaunlich viele Details genannt. Die Erinnerungen sind dabei meistens nicht nur an die schrecklichen Bilder im Fernsehen gebunden, sondern umfassen ganz willkürliche Elemente. Manche Menschen wissen zum Beispiel noch, welche Unterhaltungen sie an dem Tag geführt, was sie gegessen oder welche Kleider sie getragen haben. Sogenannte *flashbulb memories* sind außergewöhnlich detailreiche Erinnerungen an Ereignisse, die von starken Emotionen begleitet waren.

Wenn ein Ereignis, das die meisten von uns lediglich am Fernseher miterlebt haben, sich bereits derart einbrennen kann, dann müssen Traumata, die Menschen am eigenen Leib erleben, natürlich noch viel intensiver sein. Die Frage, wie man in diesem Fall wieder zu einem normalen Leben zurückkehren soll, kann unsere Vorstellungskraft übersteigen. Selbst für die Angehörigen von traumatisierten Menschen ist es oft sehr schwer, damit umzugehen. Betroffene können dazu tendieren, sich sozial zu isolieren, wodurch ihre Belastung oft noch weiter zunimmt.

Zunächst ist es sehr wichtig zu verstehen, dass nicht jeder, der ein traumatisches Ereignis erlebt, zwangsläufig eine psychische Krankheit entwickelt. Die Reaktionen auf Traumata variieren, und viele Menschen erholen sich im Laufe der Zeit von selbst. Sollten Betroffene aber auch noch Monate nach dem traumatischen Ereignis unter belastenden Symptomen leiden und in ihrer Lebensqualität eingeschränkt sein, empfiehlt sich eine ärztliche oder therapeutische Abklärung.

Die posttraumatische Belastungsstörung (PTBS) ist eine psychische Störung, die sich als Folge einer Traumatisierung entwickeln und das Leben erheblich beeinträchtigen kann. Die PTBS äußert sich durch eine Vielzahl von Symptomen, wobei die folgenden drei als die wichtigsten gelten:

- Wiedererleben des Traumas: Betroffene leiden unter Flashbacks oder Albträumen, welche so lebhaft sein können, dass der Eindruck entsteht, das Ereignis erneut zu durchleben.
- Vermeidung und emotionale Taubheit: Betroffene meiden Orte, Aktivitäten oder Gespräche, die sie an das Trauma erinnern könnten. Sie können Schwierigkeiten haben, po-

sitive Emotionen zu empfinden oder Interesse an Dingen zu zeigen, die sie zuvor genossen haben.

- Übererregung und Reizbarkeit: Personen mit PTBS können anhaltend nervös, gereizt oder schreckhaft sein. Sie können unter Konzentrationsschwierigkeiten oder Schlafstörungen leiden.

Die Kleiderschrank-Metapher wird in der Traumatherapie verwendet, um Traumata besser zu verstehen: Stellen Sie sich einen Kleiderschrank vor, in dem jedes Kleidungsstück für eine Erinnerung steht. In einem gesunden Kleiderschrank sind die Kleidungsstücke ordentlich sortiert und leicht zugänglich. Bei Menschen, die traumatische Erfahrungen gemacht haben, herrscht Chaos im Kleiderschrank. Kleidungsstücke wurden durcheinandergeworfen. Manche sind schwer zugänglich, während andere ganz unerwartet aus dem Schrank herausfallen können und Betroffene unter sich begraben. Die Metapher verdeutlicht, wie traumatische Erinnerungen plötzliche emotionale Reaktionen auslösen, die Betroffene in ihrem Alltag überfluten. Eine Traumatherapie zielt durch die Bearbeitung der Erinnerungen in einem geschützten Rahmen darauf ab, den Kleiderschrank zu ordnen und die traumatischen Erinnerungen so zu »falten«, dass sie besser bewältigt werden können.

Die Wirkung traumatherapeutischer Ansätze, wie der Trauma-fokussierten kognitiven Verhaltenstherapie oder der EMDR-Therapie *(Eye Movement Desensitization and Reprocessing)* ist heute ausreichend belegt. In einigen Fällen können begleitend Medikamente verschrieben werden.

Es ist wichtig zu erkennen, dass ein Trauma nichts ist, wofür man sich schämen müsste, sondern eine natürliche Reaktion auf außergewöhnliche Umstände. Jeder Heilungsprozess verläuft unterschiedlich, aber die Vorstellung, dass ein Trauma zwangsläufig zu anhaltender, therapieresistenter Krankheit führt, ist unbegründet. Es ist von entscheidender Bedeutung, die Betroffenen zu unterstützen, ihnen Hoffnung zu geben und ihnen zu vermitteln, dass es möglich ist, über ein Trauma hinauszuwachsen und ein erfülltes Leben zu führen.

Wahrscheinlich wird eine traumatisierte Person nie vergessen, was sie erlebt hat, und trotzdem ist es möglich, gesund zu bleiben beziehungsweise mit der richtigen Unterstützung wieder gesund zu werden. Vertrauen Sie auf die Kraft eines geordneten Kleiderschrankes.

ÜBUNG #29: DER SICHERE ORT

»Der sichere Ort« ist eine Imaginationsübung, die als Stabilisierungstechnik in verschiedenen traumatherapeutischen Ansätzen (etwa Reddemann, 2001) zur Anwendung gelangt. Generell kann sie genutzt werden, um innere Ruhe zu finden.

- Finden Sie einen ruhigen Ort, an dem Sie sich konzentrieren können. Sie können während der Übung die Augen schließen oder sie geöffnet halten, so wie es sich für Sie richtig anfühlt.
- Stellen Sie sich einen Ort vor, an dem Sie sich sicher und ge-

borgen fühlen. Dies kann ein realer Ort sein, den Sie kennen, oder ein völlig fiktiver Ort, den Sie sich ausdenken.

- Konzentrieren Sie sich auf diesen Ort. Welche Farben, Formen und Strukturen sind vorhanden? Gibt es Geräusche, die Sie hören können? Welche Gerüche nehmen Sie wahr? Beachten Sie die Temperatur und die Empfindungen auf Ihrer Haut.
- Beginnen Sie, Ihren sicheren Ort zu erkunden. Gehen Sie durch den Ort, setzen Sie sich oder legen Sie sich hin, je nachdem, was sich für Sie richtig anfühlt.
- Konzentrieren Sie sich darauf, wie Sie sich an diesem Ort fühlen. Spüren Sie ein Gefühl der Sicherheit und Geborgenheit. Stellen Sie sich vor, wie dieses Gefühl sich im ganzen Körper ausbreitet.
- Verbringen Sie einige Zeit an Ihrem sicheren Ort. Lassen Sie die positiven Empfindungen auf sich wirken und konzentrieren Sie sich darauf, wie Ihre Gedanken zur Ruhe kommen. Versuchen Sie, das Gefühl der Sicherheit und Geborgenheit in sich abzuspeichern, damit Sie es mitnehmen können.
- Wenn Sie bereit sind, können Sie sich für heute von Ihrem Ort verabschieden, ganz im Wissen, dass Sie jederzeit hierher zurückkehren können.
- Öffnen Sie sanft die Augen und nehmen Sie Ihre Umgebung wieder wahr.

Diese Übung kann individuell angepasst und variiert werden. Durch regelmäßige Wiederholung wird sich die Wirkung verstärken.

MYTHOS #30

EMOTIONEN REGULIEREN SICH VON SELBST

Mit eingeschaltetem Blinklicht signalisieren Sie, dass Sie den Parkplatz, der gerade frei wird, für sich beanspruchen. Sie warten geduldig, als plötzlich ein anderer Fahrer sich in die entstandene Parklücke zwängt, und augenblicklich spüren Sie eine Explosion ungebändigter Wut, der Sie am liebsten mit einem Raketenwerfer Luft machen würden.
Sie klopfen mit einer Gabel gegen Ihr Sektglas und erstarren, als plötzlich sämtliche Unterhaltungen verstummen und alle Blicke sich auf Sie richten. Sie versuchen, sich zwanghaft an die vorbereitete Rede zu erinnern, während Ihre Knie weich werden und Ihre zitternde Hand bemüht ist, nicht den ganzen Sekt zu verschütten.
Sie haben sich den ganzen Abend lang prächtig amüsiert, bis Sie auf der Tanzfläche auf einmal von diesem einen Song, der Sie an eine verflossene Liebe erinnert, auf eine emotionale Achterbahn in die Vergangenheit katapultiert werden. Sie versuchen erfolglos, gegen die Tränen anzukämpfen, während Ihre Freund*innen Sie ratlos anstarren.

Manchmal überfluten uns Emotionen wie ein Tsunami und haben dann maßgeblichen Einfluss auf unser allgemeines Wohlbefinden. Emotionsregulation bezieht sich auf die Fähigkeit, die eigenen Emotionen wahrzunehmen, zu verstehen, bewusst zu bewerten sowie in Dauer und Intensität beeinflussen zu können. Diese Kompetenzen entwickeln sich bereits in der frühen Kindheit.

In stressigen Situationen kann unsere Fähigkeit zur erfolgreichen Emotionsregulation allerdings an ihre Grenzen kommen. Zum Glück können wir diese Kompetenzen auch noch im Erwachsenenalter trainieren und lernen, besser mit belastenden Situationen umzugehen und konstruktive Entscheidungen zu treffen.

In der Psychotherapie werden verschiedene Ansätze und Programme zur Förderung der Emotionsregulation eingesetzt, um Menschen dabei zu unterstützen, ihre emotionalen Reaktionen besser zu steuern und ein erfülltes Leben zu führen. Neben Ansätzen, die auf der Akzeptanz von Emotionen aufbauen, Achtsamkeitstrainings, Entspannungsübungen, Methoden der kognitiven Umstrukturierung oder des körper- und kunsttherapeutischen Emotionsausdrucks kann das Skills-Training aus der dialektisch-behavioralen Therapie (DBT) zur Stärkung der Emotionsregulation genutzt werden (Linehan, 2015). DBT ist eine Form der kognitiven Verhaltenstherapie, die ursprünglich zur Behandlung der Borderline-Persönlichkeitsstörung entwickelt wurde. Sie zielt darauf ab, emotionale Dysregulation zu reduzieren, indem sie Fähigkeiten zur Emotionsregulation, soziale Kompetenzen, Achtsamkeitstechniken und Strategien der Stressbewältigung vermittelt. Im Rahmen der DBT wird Patient*innen vorgeschlagen, sich einen »Notfallkoffer« zusammenzustellen, der eine Sammlung verschiedener Skills (Fähigkeiten) beinhaltet, die in Momenten erhöhter emotionaler Belastung parat stehen, um sich selbst zu beruhigen, sich zu stabilisieren und angemessen auf schwierige Situationen zu reagieren.

Wenn Sie merken, dass Situationen Sie regelmäßig emotional überfordern, stellen Sie sich angelehnt an das Skills-Training selbst einen Koffer mit Emotionsregulationsstrategien zusammen, auf den Sie im Notfall zurückgreifen können. Dieser kann verschiedene Elemente enthalten, wie zum Beispiel:

- Anleitungen für Achtsamkeitsübungen, Entspannungstechniken oder Meditationen
- Beruhigende Musik, beruhigende Bilder oder Fotos
- Gegenstände zur Ablenkung wie Rätselhefte, Puzzles, Geschicklichkeits- oder Konzentrationsspiele, Bücher oder Filme
- Gegenstände und Anleitungen zur Erzeugung angenehmer Körperempfindungen wie zum Beispiel eine kuschelige Decke, ein Stofftier oder ein Schaumbad
- Gegenstände zur Erzeugung starker körperlicher Reize wie saure, süße oder scharfe Bonbons, Duftöle, ein Igelball
- Persönliche Notizen mit positiven Selbstbotschaften oder Erinnerungen an bewältigte Herausforderungen
- Telefonnummern von wichtigen Menschen

Ihrer Fantasie sind keine Grenzen gesetzt. Experimentieren Sie mit verschiedenen Skills und füllen Sie Ihren Koffer mit den Strategien, die für Sie am besten passen. Manchmal kann allein das Vorhandensein eines Notfallkoffers bereits zur Selbstwirksamkeit beitragen, selbst wenn die Skills gar nicht genutzt werden.

Emotionen gehören zum Menschsein wie Ketchup zu Pommes oder das Salz in die Suppe. Ohne sie ist das Leben ganz schön fad. Zu viel davon kann das Leben jedoch ungenießbar machen. Achten Sie also auf die richtige Dosis.

ÜBUNG #30: DIE PEP-TECHNIK

Die PEP-Methode (Prozess- und Embodimentfokussierte Psychologie) nach Bohne (2022) soll dabei helfen, emotionale Belastungen, Stress und psychische Blockaden zu reduzieren. Die Technik kombiniert die rhythmische Klopfbewegung auf bestimmte Körperpunkte mit mentalen Prozessen, um emotionale Belastungen durch Stimulation des Nervensystems zu lösen. Im Gegensatz zu anderen Klopftechniken basiert PEP nicht auf Esoterik, sondern auf neurobiologischen Erkenntnissen. Die PEP-Methode kann zur Selbsthilfe und als Ergänzung zu Psychotherapie verwendet werden. Wenn Sie diese Technik, die hier nur kurz angerissen wird, interessiert, können Sie sich über Selbsthilfeliteratur (Bohne, 2023) weiter informieren oder einen Termin bei einem/einer PEP-Therapeut*in buchen.

- Wählen Sie ein belastendes Thema oder Problem aus, das Sie bearbeiten möchten.
- Bewerten Sie die Stärke Ihrer emotionalen Belastung in Bezug auf dieses Thema auf einer Skala von 0 bis 10.
- Formulieren Sie einen kurzen Satz, der Ihr Thema beschreibt. Zum Beispiel: »Auch wenn ich gerade Angst habe, bleibe ich in Sicherheit und behalte den Überblick«, und sprechen Sie ihn aus, während Sie einen Punkt über Ihrem Herzen kreisförmig massieren.
- Führen Sie dann, während Sie an das unangenehme Gefühl denken und Ihren Satz wiederholen, eine Klopfsequenz durch, wobei Sie 16 Körperpunkte der Reihe nach jeweils etwa zehn Sekunden lang zweimal pro Sekunde abklopfen. Wenn sich eine Klopfbewegung besonders angenehm anfühlt, können Sie diese auch mehrere Minuten lang ausüben.

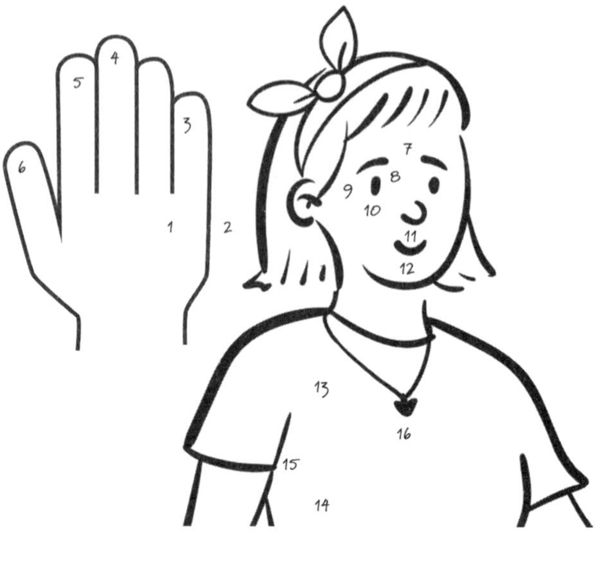

- Machen Sie dann eine Zwischenentspannung: Während Sie die ganze Zeit den Punkt 1 beklopfen, schließen Sie zunächst fest die Augen, dann öffnen Sie sie wieder und blicken nach rechts unten, dann nach links unten, rollen Sie mit den Augen im Uhrzeigersinn, dann gegen den Uhrzeigersinn. Summen Sie daran anschließend einige Töne, zählen Sie von sieben rückwärts und summen Sie wieder kurz vor sich hin.
- Bewerten Sie erneut die Intensität Ihrer emotionalen Belastung auf der Skala von 1 bis 10.
- Sollte sich die Belastung nicht verringert haben, wiederholen Sie die 16-Punkt-Klopfsequenz.

Wer nicht jeden Tag etwas für seine Gesundheit aufbringt, muss eines Tages sehr viel Zeit für die Krankheit opfern.
- Sebastian Kneipp

Der beste Weg hinaus ist immer hindurch.
- Robert Frost

Es wird immer gleich ein wenig anders,
wenn man es ausspricht.
- Hermann Hesse

MYTHEN ÜBER SELBSTHILFE

MYTHOS #31

MAN MUSS NUR POSITIV DENKEN

Sie stecken mal wieder im Feierabendstau, und es geht keinen Millimeter weiter? Easy! Nur keinen Stress!
Ihr Hund kotzt auf den nagelneuen Teppich, und Sie wissen, er macht das mit Absicht? Null Problemo!
Sie fackeln aus Versehen Ihr Haus ab, weil Sie das »Ich mach Schluss!«-Post-it Ihrer großen Liebe bei Kerzenlicht lesen, da Sie Ihre Stromrechnung nicht mehr zahlen konnten, nachdem Sie Ihren Job verloren hatten? Das wird schon!

Egal wie schlimm die Situation gerade aussehen mag, die Devise lautet ganz klar: Alles. Wird. Gut.

Die Kunst des positiven Denkens wird gerne als ultimatives Allheilmittel für die vielen Herausforderungen des Lebens verkauft. Es gibt tatsächlich viele Anzeichen dafür, dass eine optimistische Grundhaltung sich förderlich auf die Gesundheit auswirkt. Positives Denken kann trösten, aufbauen und Hoffnung spenden. Also alles wunderbar!

Gäbe es da nicht diesen einen kleinen Haken:

Alles. Wird. Nicht. Immer. Gut.

Es gibt Dinge auf dieser Welt, die negativ sind und sich

beim besten Willen nicht schönreden lassen. Auch die positivste Haltung kann nicht alle Probleme lösen. Der Aufruf zum positiven Denken kann angesichts der regelmäßigen Hiobsbotschaften in den Tagesnachrichten sogar einen zynischen Beigeschmack bekommen. So ähnlich wie bei dem verwechselten Messias in Monty Pythons *Das Leben des Brian*, der noch vom Kreuz, an dem er aufgehängt wurde, herunter singt: »Always look on the bright side of life!«

Dem Anspruch, ständig positiv zu bleiben, ist aber nicht nur sehr schwer gerecht zu werden, er kann manchmal auch nach hinten losgehen. Der Begriff »toxische Positivität« beschreibt eine Form des zwanghaften Optimismus, bei dem nur »gute« Gefühle erlaubt sind. Negative Gedanken und Gefühle müssen unterdrückt werden. Wer es (angesichts von Schicksalsschlägen und Verlusterfahrungen) nicht fertigbringt, gute Miene zum bösen Spiel zu machen, hat folglich versagt. Es entsteht ein enormer Druck, die Friede-Freude-Eierkuchen-Fassade aufrechtzuerhalten. Bröckelt der Putz, kann dies zu Schuld- und Schamgefühlen führen und von konstruktiver Lösungssuche oder der Inanspruchnahme eventuell notwendiger Hilfe abhalten.

Toxisch-positive Floskeln, die uns in Gesprächen mit anderen in Form von gut gemeinten Ratschlägen auf der Zunge liegen, können manchmal mehr Schaden anrichten, als dass sie helfen. »Sieh es doch einfach positiv!« signalisiert, dass die betroffene Person kein Anrecht auf ihre negativen Gefühle hat und im Endeffekt selbst Schuld an ihrem Leid ist.

Wenn Sie sich also einen gesunden Optimismus bewahren wollen, ohne in eine toxische Positivität abzurutschen, seien Sie kein Brian!

- Nehmen Sie Ihre negativen Gefühle an, ohne Sie zu bekämpfen.
- Versuchen Sie, negative Gedanken zu identifizieren und zu hinterfragen. Das Ziel muss nicht sein, alles positiv zu sehen, sondern Situationen so rational wie möglich zu analysieren. Eine Situation darf als negativ wahrgenommen werden und muss trotzdem nicht zum Weltuntergang erklärt werden.
- Versuchen Sie, konstruktiv zu bleiben, ohne alles schönzureden. Um lösungsorientiert an ein Problem herangehen zu können, muss ich das Problem erst einmal als Problem erkennen. Auch negative Gedanken und Gefühle können konstruktiv sein, wenn sie bewusst machen, wo der Schuh drückt.
- Die größte Herausforderung des Lebens besteht nicht darin, für jedes Problem eine Lösung zu finden, sondern den Unterschied zu erkennen zwischen den Problemen, für die es eine Lösung gibt, und jenen, für die es tatsächlich keine gibt.
- Verkneifen Sie sich in Zukunft gegenüber anderen (aber auch gegenüber sich selbst) die Floskel »Alles wird gut!«. Ersetzen Sie sie durch den Satz »Es ist okay, wenn nicht alles gut läuft!«. Der nächste Satz kann natürlich trotzdem lauten: »Was kann ich tun, damit es besser wird?«

Es kann nicht immer alles gut werden. Unabhängig davon, wie hoffnungslos eine Situation erscheinen mag, gilt trotzdem, ganz objektiv und ohne Schönreden:

Vieles. Kann. Gut. Werden.

ÜBUNG #31: 50 SHADES OF GREY

Wenn Sie sich dabei ertappen, wie Sie wieder mal alles schwarzmalen, versuchen Sie, kurz innezuhalten und die Situation so rational wie möglich zu analysieren.

Vergleichen Sie sie mit anderen Situationen und versuchen Sie, den Schweregrad objektiv einzuordnen.

Nutzen Sie dafür etwa die folgende Farbpalette mit 50 Grautönen. Fast nichts im Leben ist schwarz oder weiß. Die Frage ist nur, welcher Grauton passt am besten?

MYTHOS #32

BEI ANGST AM BESTEN ABLENKEN

Allein bei der Vorstellung, sich mit 20 fremden Menschen in einen vollen Aufzug zu zwängen, kräuseln sich bei Ihnen bereits die Zehennägel?
Der Gedanke an die Präsentation, die Sie morgen vor 100 Leuten halten sollen, lässt Ihnen sofort das Herz in die Hose rutschen?
Auf der Kellertreppe zittern Ihnen plötzlich die Knie angesichts der Möglichkeit, da unten gleich auf eine Spinne zu stoßen?
Gehen Sie der Sache einfach aus dem Weg oder lenken Sie sich ab, dann passiert schon nichts! Keine Panik auf der Titanic!

Es ist wahrscheinlich die logischste aller menschlichen Reaktionen, angstauslösende Situationen zu vermeiden! Wieso sich die ganze Tortur antun, wenn es möglich ist, die Angst einfach zu umgehen? Und wenn Sie tatsächlich mal nicht darum herumkommen, dann beamen Sie sich doch einfach im Kopf woandershin. Denken Sie an etwas Schönes oder lenken Sie sich mit allen möglichen Tricks ab! Bis vor nicht allzu langer Zeit wurden Angstpatient*innen sogar Ablenkungsstrategien empfohlen.

Heute wissen wir allerdings, dass gezielte Ablenkung bei Angstproblemen nur zu kurzfristiger Erleichterung führt, langfristig aber dafür sorgt, dass die Angstgefühle nicht bewältigt werden und sich stattdessen sogar verstärken können. Beispielsweise speichert das Gehirn ab, dass man zwar den vollen Aufzug nehmen konnte und überlebt hat, aber eben nur, weil man im Kopf zwanghaft »Stadt, Land, Fluss« mit sich selbst gespielt hat. Bewusst oder unbewusst bleibt die rationale Angst bestehen, und der volle Aufzug wird nächstes Mal mindestens genauso viel Angst auslösen. Wenn es total ungefährlich wäre, hätte man das letzte Mal schließlich nicht vermeiden müssen. Logisch, oder?

Das alles bedeutet natürlich nicht, dass Ablenkung grundsätzlich schlecht ist. In manchen Fällen ermöglicht sie überhaupt erst die Bewältigung von Angstsituationen. Beispielsweise hat eine Person, die unter Flugangst leidet und sich nach Jahren überwindet, wieder zu fliegen, allen Grund, sich darüber zu freuen und stolz auf sich zu sein! Die Tatsache, dass sie dies nur geschafft hat, indem sie den Blick aus dem Fenster vermieden und Hörbücher gehört, eine Tavor eingenommen oder Alkohol getrunken hat, schmälert ihren Erfolg nicht. Es ist jedoch wichtig zu verstehen, dass in diesem Fall die Angst beim nächsten Flug erneut auftreten kann. Das Gehirn hat nicht gelernt, dass Fliegen ungefährlich ist, sondern lediglich, dass Ablenkung und Vermeidung das Fliegen ungefährlich machen. Konsequente Ablenkung sorgt also bei irrationalen Ängsten dafür, dass keine neuen Lernerfahrungen gemacht werden können, die uns vermitteln, dass unser Leben nicht in Gefahr ist, unabhängig davon ob wir gerade vermeiden oder nicht.

Therapeutische Ansätze wie die kognitive Verhaltenstherapie, die sich bei Angststörungen als besonders wirksam erwiesen haben, unterstützen Menschen dabei, gesunde Strategien zu entwickeln, um Ängste langfristig zu bewältigen, anstatt sie zu umgehen. Die verhaltenstherapeutische Methode der graduierten Exposition zielt darauf ab, die Angst schrittweise zu verringern, indem sich die betroffene Person dem angstauslösenden Kontext wiederholt und kontrolliert aussetzt und dysfunktionales Sicherheitsverhalten (Vermeidung und Ablenkung) langfristig abbaut. Dies klingt im ersten Moment natürlich unangenehm, die Exposition erfolgt jedoch in kleinen Schritten, die dem Rhythmus der Patient*innen angepasst werden.

Wenn Sie selbst (wie die meisten von uns) unter Ängsten leiden, dann achten Sie bewusst auf mögliche Vermeidungs- und Ablenkungsstrategien. Die folgenden Punkte beziehen sich ausschließlich auf irrationale Ängste. Bei Situationen, die mit realer Gefahr verbunden sind, können Vermeidungsstrategien natürlich eine sinnvolle Schutzfunktion haben.

- Gibt es Orte, Personen, Situationen, Aktivitäten oder Kontexte, die Sie aus Angst meiden?
- Können Sie sich angstauslösenden Situationen nur in Begleitung, unter Einfluss von Alkohol oder einer anderen Substanz oder wenn Sie bestimmte Gegenstände wie Medikamente, Ihr Handy, eine Wasserflasche etc. dabeihaben, stellen?
- Können Sie bestimmte Angstsituationen nur aushalten, wenn Sie sich intensiv mit etwas anderem beschäftigen, wie zum Beispiel mit Internetsurfen, Handyspielen, Musik, Small Talk oder gedanklicher Ablenkung?

Falls Sie erkennen, dass Sie bei Angst auf Vermeidungsstrategien zurückgreifen, dann haben Sie zwei Möglichkeiten:

1. Sie pfeifen drauf! Dann verzichten Sie eben auf bestimmte Situationen (und das bisschen mehr Lebensfreiheit) oder akzeptieren, dass Sie verschiedene Situationen nur mit Ablenkung bewältigen können. Dabei nehmen Sie in Kauf, dass Ihre Ängste nicht abnehmen und sich eventuell sogar noch verschlimmern werden.

2. Sie wollen Ihre Ängste langfristig loswerden, um Ihre Lebensqualität und Ihre Selbstsicherheit zu verbessern. Versuchen Sie sich in dem Fall schrittweise Ihren Ängsten zu stellen und alle Vermeidungsstrategien langfristig abzubauen. Zögern Sie nicht davor, auf professionelle Hilfe zurückzugreifen.

Also: Ob Sie jegliche Konfrontation mit Ihrer Angst vermeiden, sich zwanghaft ablenken oder die Angst aushalten und abwarten, bis sie von selbst wieder abnimmt, es wird schon nichts Schlimmes passieren!

Keine Panik auf der Titanic! Sie sind nämlich nicht auf der Titanic, sondern nur im Aufzug.

ÜBUNG #32: 5-4-3-2-1

Die 5-4-3-2-1-Technik nach Dolan (2009) stammt ursprünglich aus der Traumatherapie, kann aber auch bei Angstsituationen hilfreich sein. Im Mittelpunkt steht ein bewusstes Fokussieren auf das Hier und Jetzt. Die Aufmerksamkeit wird dabei abwechselnd auf verschiedene Sinneseindrücke gelenkt. Im Gegensatz zu gedanklicher Ablenkung oder Surfen/Spielen auf dem Handy vermeidet die Person die Situation nicht, sondern verschiebt lediglich den Aufmerksamkeitsfokus auf verschiedene Aspekte der Realität, die sie wahrnimmt, ohne sie zu bewerten.

Sie können die Übung zur Entspannung nutzen, indem Sie sich Zeit lassen und langsam von einem Sinneseindruck zum nächsten wechseln. Wird die Übung hingegen sehr schnell ausgeführt, kann sie als Kriseninstrument genutzt werden. Denn die beschleunigte Konzentration des Gehirns auf Sinneswahrnehmungen reduziert die Kapazität für grübelnde oder ängstliche Gedanken.

- Nennen Sie der Reihe nach fünf Dinge, die Sie in Ihrer Umgebung sehen können. Zählen Sie sie wenn möglich laut auf, andernfalls in Gedanken.
- Konzentrieren Sie sich der Reihe nach auf fünf Geräusche in Ihrer Umgebung und zählen Sie sie laut auf oder denken Sie an sie.
- Beachten Sie fünf Dinge, die Sie im Moment körperlich spüren, und zählen Sie sie laut auf oder denken Sie an sie.
- Wiederholen Sie die Schritte 1 bis 3, reduzieren Sie jedoch die Anzahl der genannten Wahrnehmungen nacheinander auf vier, dann auf drei, dann auf zwei und schließlich auf eine.
- Wenn Sie merken, dass die Angst nach wie vor präsent ist, wiederholen Sie die Übung noch einmal.

MYTHOS #33

ERHOLUNG GEHT NUR DURCH SCHONUNG

Nichts tun – manche haben keinen Schimmer, wie das gehen soll, während andere bereits den schwarzen Gürtel erreicht haben. Nach einer großen Anstrengung, einem langen Arbeitstag, einer stressigen Woche oder nur so: ganz einfach mal nichts tun! Auf der Couch sitzen und sich blöde von der Flimmerkiste berieseln lassen oder im Bett liegen und dumpf die Decke anstarren. Die Kunst des Nichtstuns wird allgemein als Wundermittel für die körperliche und psychische Erholung angepriesen.

Auch wenn Schonung ein wichtiger Aspekt der Erholung sein kann, ist sie sicher nicht das einzige Mittel, um unsere Akkus langfristig wieder aufzuladen. Bei vielen körperlichen Beschwerden, wie etwa Rückenschmerzen, gilt übermäßige Schonung sogar als genauso schädlich wie ständige Überforderung. Durch die Schonhaltung werden Muskelkraft und Flexibilität abgebaut, wodurch die Schmerzen weiter verstärkt werden können. Leichte körperliche Aktivität regt den Stoffwechsel und die Durchblutung an. Dies kann dazu beitragen, schädliche Stoffe abzutransportieren, Nährstoffe zu den Zellen zu bringen und somit den Erholungsprozess zu unterstützen.

Die Weltgesundheitsorganisation hat klare Empfehlungen für körperliche Aktivität veröffentlicht, um die Gesundheit und das Wohlbefinden zu fördern (WHO, 2020):

- Erwachsene (im Alter von 18 bis 64 Jahren) sollten zum Beispiel pro Woche mindestens 150 Minuten eine gemäßigte oder 75 Minuten eine intensive körperliche Aktivität ausüben. Alternativ kann eine Kombination aus beidem gewählt werden.
- Idealerweise sollten an mindestens zwei Tagen pro Woche stärkende Aktivitäten (etwa Gewichtstraining oder Körpergewichtsübungen) für die großen Muskelgruppen durchgeführt werden.
- Bei älteren Erwachsenen wird zusätzlich betont, dass körperliche Aktivitäten, die das Gleichgewicht und die Koordination verbessern, sowie Aktivitäten zur Sturzprävention besonders wichtig sind.

Jeder Mensch ist unterschiedlich, und individuelle Umstände sollten bei der Auswahl und Durchführung von körperlichen Aktivitäten stets berücksichtigt werden. Es ist aber wichtig zu verstehen, dass es, vor allem bei körperlichen Beschwerden oder Schmerzen, nicht immer zielführend ist, dem instinktiven Wunsch nach Schonung zu folgen. In der Regel gilt ein moderates Bewegungsniveau als gesundheitsförderlicher. Zögern Sie nicht, Ihren Arzt oder Ihre Ärztin um Rat zu fragen.

Erholung betrifft natürlich nicht nur den Körper, sondern

auch die Psyche. Regelmäßige körperliche Aktivität kann die Freisetzung von Endorphinen fördern, die eine Stimmungsaufhellung bewirken. Durch Aktivitäten wie Entspannungsübungen, Yoga oder Spazierengehen wird Stress abgebaut. Sozialer Rückzug und Aktivitätsminderung gelten dagegen als wichtige Risikofaktoren für die Entwicklung von Depressionen.

Wenn Sie sich optimal erholen und Ihr körperliches und psychisches Wohlergehen erhalten wollen, achten Sie also auf eine ausgewogene Balance zwischen Schonung und Aktivierung:

- Erlauben Sie sich bewusste Ruhephasen, in denen Sie es genießen, keinen Verpflichtungen nachkommen zu müssen (und ja, machen Sie ruhig mal nichts, wenn Ihnen danach ist).
- Verzichten Sie jedoch auf längere passive Schonphasen und planen Sie regelmäßige Aktivitäten, die Ihnen guttun, die Sie stimulieren oder bei denen Sie gut abschalten können.
- Pflegen Sie Ihre sozialen Kontakte und planen Sie regelmäßige Treffen.
- Bleiben Sie körperlich aktiv. Bereits eine halbe Stunde leichte Bewegung am Tag kann einen deutlichen Einfluss auf Ihr körperliches und psychisches Wohlbefinden haben.
- Machen Sie Experimente: Überwinden Sie Ihren inneren Schweinehund, wenn dieser Sie davon abhalten will, sich von der Couch aufzuraffen, und werden Sie auch mal aktiv,

wenn Ihnen überhaupt nicht danach ist. Evaluieren Sie dann ganz bewusst, an welchen Tagen Sie sich erholter fühlten: an den Tagen, an denen Sie eine kleine angenehme Aktivität ausgeführt haben, oder an den Tagen, an denen Sie sich nur ausgeruht haben?

Für alle leidenschaftlichen Gammler und Chiller: keine Panik, niemand will Ihnen das Nichtstun verbieten! Für alle Macher*innen und Duracell-Hasen: keine Panik, niemand will Sie zum Nichtstun zwingen! Seien Sie einfach ehrlich zu sich selbst und achten Sie darauf, wie Sie Ihre eigenen Batterien am besten aufladen können.

ÜBUNG #33: HIMMEL UND ERDE VERBINDEN

Qigong ist eine meditative Bewegungsform, die der traditionellen chinesischen Medizin entstammt und Übungen zur entspannten Konzentration mit Körper- und Atemtechniken verbindet. In vielen Gesundheitseinrichtungen werden Patient*innen Qigong-Kurse angeboten.

»Himmel und Erde verbinden« ist eine von vielen Qigong-Übungen, die als aktive Entspannungs- und Meditationstechnik genutzt werden können.

- Suchen Sie einen ruhigen Ort, an dem Sie ungestört sind. Stehen Sie aufrecht mit leicht gebeugten Knien, die Füße parallel zueinander und etwa schulterbreit auseinander, die Arme an den Seiten herabhängend.

- Atmen Sie langsam tief durch die Nase ein und durch den Mund aus. Lassen Sie dabei bewusst Anspannungen los.
- Stellen Sie sich vor, wie positive Energie tief aus der Erde aufsteigt und Ihren Körper ausfüllt.
- Während Sie einatmen, heben Sie die Hände langsam seitlich nach oben, als ob Sie den Himmel sanft umarmen wollten. Der Blick folgt der Bewegung nach oben. Die Handflächen sollten nach oben zeigen.
- Nun halten Sie die Hände über dem Kopf, als ob Sie den Himmel berühren würden. Stellen Sie sich vor, wie Sie die Energie des Himmels aufnehmen.
- Führen Sie Ihre Hände dann vor Ihren Körper und lassen Sie sie langsam nach unten sinken, während Sie ausatmen. Die Handflächen zeigen jetzt nach unten. Beugen Sie leicht die Knie und senken Sie die Hände in Richtung der Erde.
- Wiederholen Sie die Bewegung mehrere Male, während Sie bewusst atmen und sich vorstellen, wie Sie Ihren Körper mit Energie füllen können.
- Beenden Sie die Übung, indem Sie die Hände langsam seitlich senken und zurück in die Ausgangsposition bringen.

Denken Sie daran, während der gesamten Übung entspannt zu bleiben und die Bewegungen langsam und fließend auszuführen. Wenn Sie diese kurze Übung neugierig gemacht hat, können Sie sich weiter mit Qigong auseinandersetzen und vielleicht sogar einen Kurs belegen.

MYTHOS #34

FÜR SELBSTFÜRSORGE HAT DOCH KEINER ZEIT

Am besten starten Sie den Tag mit einer langen Meditationsübung. Danach gehen Sie wenigstens zwei Stunden spazieren. Bevor Sie mit Ihrem täglichen Fitnessprogramm beginnen, nehmen Sie ein gesundes und ausgewogenes Frühstück zu sich. Am späten Morgen steht Mandala-Malen und kreatives Töpfern auf dem Programm. Mittags bereiten Sie sich ein gesundes und ausgewogenes Mittagessen zu, und anschließend machen Sie sich auf den Weg zu Ihrem Yogakurs. Und nach Massage, Maniküre und Nachmittagsmeditation steht die Qualitätszeit mit all Ihren Freund*innen an. Zu Hause lassen Sie sich noch gemütlich ein Schaumbad ein und lesen in Ruhe drei Bücher. Dann nehmen Sie ein gesundes und ausgewogenes Abendessen zu sich und gehen rechtzeitig ins Bett, damit Sie Ihre zehn Stunden Schönheitsschlaf bekommen.

Es ist doch immer das gleiche Problem mit der Selbstfürsorge. Eigentlich ist das ja eine prima Sache, doch wo soll man nur die Zeit dafür hernehmen? Wenn Sie die ganzen (tollen)

Übungen aus diesem Buch alle regelmäßig anwenden möchten, müssten Sie eigentlich Ihren Job kündigen, damit das zeitlich überhaupt aufgeht.

Aus diesem Grund winken wir auch die guten Ratschläge von Ärzt*innen und Therapeut*innen zu oft zu schnell ab. Jeden Tag 45 Minuten Entspannungsübung? Gute Idee, aber ich habe da noch so ein Leben, wissen Sie?

Dabei ist es natürlich ein Trugschluss zu denken, dass Selbstfürsorge Zeitverschwendung sei:

- Selbstfürsorge ist entscheidend für die physische und psychische Gesundheit. Indem man sich Zeit nimmt, auf seine eigenen Bedürfnisse einzugehen, kann man Stress reduzieren und langfristig Gesundheitsprobleme vermeiden.
- Eine aktive Selbstfürsorge ist in dem Sinne ein wichtiger Schutzfaktor in der Burn-out-Prophylaxe. Die Zeit, die präventiv in das Wohlbefinden investiert wird, trägt dazu bei, späteren langen Krankheitsausfällen vorzubeugen.
- Regelmäßige Pausen und Erholung tragen zur Steigerung der Konzentration und Produktivität sowie zur Reduktion von Nachlässigkeitsfehlern bei.
- Selbstfürsorge hilft uns dabei, langfristig in der Lage zu sein, uns um andere zu kümmern. In Flugsicherheitsanweisungen wird den Passagier*innen ja auch erklärt, dass sie bei einem Druckabfall in der Kabine zuerst ihre eigene Sauerstoffmaske anlegen sollen, bevor sie Kindern oder Mitreisenden helfen.

Insgesamt ist Selbstfürsorge also keineswegs Zeitverschwendung, sondern eine notwendige Investition in die eigene Gesundheit, das Wohlbefinden und die Lebensqualität. Überlegen Sie also, wie Sie in Ihrem Alltag Raum für Selbstfürsorge schaffen können.

- Planen Sie Zeit für angenehme Aktivitäten ein. Tragen Sie dafür (in realistischen Abständen) regelmäßig wiederholende Termine mit sich selbst in Ihrem Kalender ein, die Sie ausschließlich mit Lesen, Spaziergängen, Hobbys und anderen Dingen, die Ihnen Freude bereiten, verbringen dürfen.
- Achten Sie auf eine ausgewogene Ernährung. Die wenigsten von uns haben Zeit, dreimal am Tag gesund zu kochen. Suchen Sie also eventuell bewusst nach Möglichkeiten, die Ihnen realistisch erscheinen, zum Beispiel indem Sie größere Mengen im Voraus kochen und portioniert einfrieren.
- Bleiben Sie körperlich aktiv. Falls Ihr Alltagsprogramm nicht erlaubt, regelmäßig Sport zu machen, werden Sie kreativ. Testen Sie weniger zeitintensive Sportarten oder machen Sie zu anderen Zeitpunkten (wie in der Mittagspause) Sport. Planen Sie kurze Aktivierungsübungen im Alltag ein oder steigen Sie Treppen, statt Aufzug zu fahren.
- Erlernen Sie systematische Entspannungsübungen wie progressive Muskelentspannung oder autogenes Training und wenden Sie sie in einem Rhythmus an, der Ihnen realistisch erscheint. Erlernen Sie Kurzentspannungstechniken wie Atemübungen oder Achtsamkeitstechniken, die

Sie ohne großen Zeitaufwand in Ihren Alltag einbauen können.

Selbstfürsorge ist ein fortlaufender Prozess, der dazu beiträgt, unsere Gesundheit und unser Wohlbefinden langfristig zu fördern. Tappen Sie also nicht mehr in die »Ich habe doch keine Zeit!«-Falle, sondern handeln Sie präventiv, indem Sie sich ganz bewusst regelmäßig Zeit für sich nehmen, damit Sie später viel mehr Zeit (und Nerven) sparen können.

ÜBUNG #34: PALMIEREN

Diese Kurzentspannungstechnik ist eine einfache Methode, um schnell Entspannung zu finden und Stress abzubauen.

- Suchen Sie einen ruhigen Raum, in dem Sie für einige Minuten ungestört sein können.
- Reiben Sie Ihre Hände 20–30 Sekunden lang kräftig gegeneinander. Dadurch werden Ihre Handflächen angenehm warm.
- Formen Sie Ihre Hände zu flachen Schalen. Legen Sie Ihre Handflächen sanft über Ihre geschlossenen Augen, wobei sich die Finger auf Ihrer Stirn überkreuzen. Achten Sie darauf, dass kein Druck auf Ihre Augen ausgeübt wird.
- Verweilen Sie einige Minuten in dieser Position und spüren Sie die Wärme Ihrer Handflächen, die sanft auf die Augenpartie strahlt. Lassen Sie Ihre Augen zur Ruhe kommen. Atmen Sie ruhig und entspannt tief ein und aus.

- Stellen Sie sich vor, wie die Dunkelheit Ihre Augen sanft umhüllt. Lassen Sie jegliche Gedanken los und konzentrieren Sie sich nur auf die Wärme und Dunkelheit.
- Heben Sie Ihre Hände dann vorsichtig von den Augen und öffnen Sie Ihre Augen langsam wieder. Lassen Sie Ihre Augen sich einen Moment an das Licht gewöhnen, bevor Sie wieder in den Raum schauen.

Diese Übung eignet sich besonders, wenn Sie viel Zeit vor Bildschirmen verbringen oder Ihre Augen müde sind.

MYTHOS #35

DOPPELT GEMOPPELT HÄLT BESSER

Sind Sie sicher, dass Sie alle Fenster geschlossen haben, bevor Sie das Haus verlassen haben? Dass der Herd ausgeschaltet ist? Und dass die Haustür richtig abgeschlossen ist? Wollen Sie nicht lieber noch mal nachschauen?
Sind Sie sicher, dass Sie gerade gesund sind? Und dass Sie Ihrem Arzt oder Ihrer Ärztin vertrauen können, wenn er oder sie Ihnen versichert, dass Sie gesund sind? Wäre es nicht doch besser, sich noch eine zweite (oder dritte oder vierte) Meinung einzuholen?
Sind Sie sicher, dass Ihre Mail, an der Sie jetzt eine Stunde lang saßen, wirklich fehlerfrei ist? Und dass der Empfänger sicher nichts falsch auffassen kann? Wollen Sie nicht doch noch einmal drüberlesen oder sich bei anderen Personen rückversichern, dass das so okay ist?

Die Vorstellung, dass unser eigenes Handeln (oder die Unterlassung einer Handlung) schwerwiegende Folgen für uns oder andere Menschen haben könnte, kann zum Ursprung großer Angst und Unsicherheit werden. Es ist also leicht nachzuvollziehen, wieso viele Menschen am liebsten gerne alles, was sie tun, doppelt und dreifach absichern lassen würden. Der Wunsch nach Rückversicherung kann dabei zwanghafte Ausmaße annehmen und bleibt im Endeffekt doch meistens eine Illusion. Es gibt nämlich so gut wie keine Situation im Leben, in der hundertprozentige Sicherheit wirklich möglich ist.

Ständiges Nachkontrollieren und Rückversichern kann uns im Gegenteil sogar noch unsicherer machen, da wir dadurch in einen Teufelskreis aus Zweifeln und Ängsten geraten.

Das Erklärungsmodell der Zwangsstörung von Salkovskis (1989) verdeutlicht, wie Menschen durch zwanghaftes Sicherheitsverhalten (Neutralisierung) immer unsicherer werden und zunehmend unter aufdringlichen Gedanken leiden.

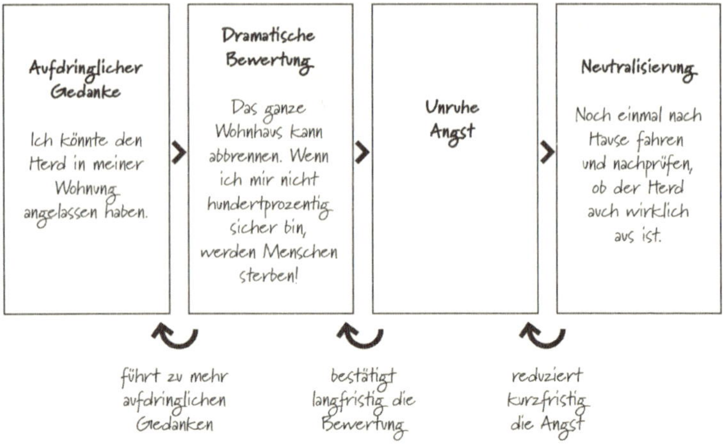

Auch wenn dieses Modell sich auf die psychische Krankheit der Zwangsstörung bezieht, zeigt es, wie bei uns allen übertriebene Sicherheitsstrategien zu kurzfristiger Erleichterung und langfristiger Zunahme der Unsicherheit führen können. Indem wir immer wieder nachkontrollieren oder bei anderen Menschen Rückversicherung suchen, signalisieren wir uns selbst, dass wir unseren eigenen Entscheidungen und Fähigkeiten nicht vertrauen können. Dadurch kann unser Selbstvertrauen geschwächt und unsere Selbstwahrnehmung negativ beeinflusst werden.

- Versuchen Sie also, aufmerksam für übermäßiges Kontroll- und Rückversicherungsverhalten zu sein. Die Entwicklung eines Bewusstseins für solche Verhaltensmuster ist der erste Schritt zur Veränderung.
- Identifizieren Sie Situationen, in denen Sie dazu neigen, übermäßig Kontrolle auszuüben, und setzen Sie bewusst Grenzen für sich selbst. Fragen Sie sich, wie viel Kontrolle wirklich sinnvoll ist.
- Erkennen Sie, dass nicht alles in Ihrem Leben kontrollierbar ist. Akzeptieren Sie, dass Unsicherheiten und Unvollkommenheiten ein normaler Teil des Lebens sind.
- Stärken Sie Ihr Selbstvertrauen, indem Sie daran arbeiten, auf Ihre Fähigkeiten zu vertrauen und sich Herausforderungen zu stellen, anstatt sie zu vermeiden.
- Versuchen Sie, sich schrittweise aus Ihrer Komfortzone zu bewegen. Beginnen Sie mit kleinen Dingen, bei denen Sie normalerweise Kontrolle ausüben würden, und lassen Sie sich allmählich auf mehr Unsicherheit ein.

- Evaluieren Sie, ob Ihr Kontrollverhalten tatsächlich zu besseren Ergebnissen führt oder ob es Sie langfristig vielleicht sogar unsicherer macht.
- Wenn Sie feststellen, dass Ihre Tendenz zur Überkontrolle oder Rückversicherung Ihr Leben stark beeinträchtigt oder negative Auswirkungen hat, könnte es hilfreich sein, professionelle Hilfe in Anspruch zu nehmen.

Das Leben ist unsicher und unvorhersehbar. Ständige Sicherheit anzustreben ist nicht realistisch und kann zu zunehmender Angst und Unsicherheit führen. Um also mehr Sicherheit zu erlangen, sollten Sie mehr Unsicherheit akzeptieren! Das glauben Sie jetzt nicht? Holen Sie sich eine zweite Meinung – oder auch nicht!

ÜBUNG #35: NORMKLÄRUNG

Menschen, die über lange Zeit auf übertriebene Sicherheitsstrategien zurückgegriffen haben, können das eigene Empfinden dafür verlieren, wie viel Kontrollverhalten eigentlich angebracht ist (»Wo beginnt zwanghaftes Händewaschen? Wie oft machen medizinische Kontrolltermine Sinn?«). In diesem Fall kann es helfen, Richtlinien schriftlich festzuhalten.

- Stellen Sie sich bewusst die Frage, wann/wie oft/in welchen Situationen Ihre Kontrollstrategie wirklich sinnvoll ist. Zum Beispiel nur dann die Hände waschen, wenn sie mit Schmutz in Kontakt gekommen sind, oder zu bestimmten Anlässen wie nach dem Toilettengang oder vor dem Essen etc. Nur dann zum Arzt oder zur Ärztin gehen, wenn ein Symptom Sie belastet, sowie einmal im Jahr zum Check-up oder zur Vorsorge.

- Wenn Sie sich nicht sicher sind, versuchen Sie, objektive Empfehlungen zu erhalten. Achten Sie etwa darauf, wie oft andere Menschen sich die Hände waschen. Oder fragen Sie Ihren Arzt oder Ihre Ärztin, in welchem Abstand er/sie Ihnen zu Kontroll- und Vorsorgeuntersuchungen rät.
- Notieren Sie in einem ruhigen Moment alle Situationen, die Ihnen einfallen, in denen Sie Ihre Kontrollstrategie als angepasst empfinden und sich auch zukünftig noch erlauben wollen, sie auszuüben.
- Wenn Sie in eine Situation kommen, in der Sie normalerweise auf Ihre Kontrollstrategie zurückgreifen würden, atmen Sie zuerst kurz durch und schauen Sie dann auf Ihrer Liste nach, ob die Situation dort aufgeführt ist. Falls nicht, versuchen Sie, so gut es geht, nicht sofort zu »neutralisieren«, sondern abzuwarten, bis der Druck langsam abnimmt.

MYTHOS #36

SCHLAF LÄSST SICH ERZWINGEN

Arbeit, Familie, Freund*innen, Hobbys, Haushalt und die neueste Netflix-Serie, die man gesehen haben muss, um in der Kaffeepause mitreden zu können – unser Alltag verlangt uns ganz schön viel ab. In der Nacht müssen wir unsere Akkus vollständig aufladen, damit das Ganze am nächsten Tag wieder von vorne losgehen kann. Und dafür brauchen wir unbedingt einen erholsamen Schlaf!
Was passiert aber nun, wenn wir weniger als acht Stunden schlafen? Oder wenn wir nachts wach werden? Oder wenn (schluck) der Schlaf etwa sogar mal ganz ausbleibt? Dann bricht das ganze Kartenhaus doch zusammen! Dann ist am nächsten Tag nichts mehr mit uns anzufangen! Wir werden unsere Arbeit verlieren, von unseren Liebsten verlassen werden und dazu verdammt sein, als seelenlose Zombies durch die Welt zu schlurfen!

Dabei gibt es viele Gründe, wieso die Schlafqualität abnehmen kann. Stress, Schichtarbeit, Bewegungsmangel oder ungesunde Ernährung können die Schlafhygiene beeinträchtigen. Der Wunsch, nachts alles nachzuholen, wozu wir tagsüber nicht kommen, kann zudem dafür sorgen, dass wir zu spät schlafen gehen. Forscher*innen sprechen von »sozialem Jetlag«, wenn unser Lebensstil nicht mit unserem biologischen Schlafbedürfnis kompatibel ist (Wittmann et al., 2006).

So kann es sein, dass die innere Uhr missachtet wird und bis tief in die Nacht vor Bildschirmen gechattet, gespielt, gearbeitet oder gesurft wird. Die Helligkeit der Bildschirme stört zudem den natürlichen Tag-Nacht-Rhythmus, vor allem wenn der Computer, das Handy oder die Konsole auch noch mit ins Bett genommen werden. Zudem wird durch diese Konditionierung der eigentliche Ort der (Nacht-)Ruhe allmählich mit einem Zustand von Anspannung gekoppelt. Allein der Anblick des eigenen Betts kann dann bereits den Stresshormonpegel steigen lassen.

Zum Glück gibt es bewährte Schlafhygieneregeln, an denen Sie sich orientieren können:

- Stehen Sie, so gut es geht, zu regelmäßigen Zeiten auf.
- Vermeiden Sie es, am Tag zu schlafen, auch wenn Sie müde sind. Powernaps gelten zwar als gesund, können den natürlichen Schlafrhythmus aber auf den Kopf stellen, wenn sie zu kurz oder zu lang dauern und nicht regelmäßig stattfinden.
- Achten Sie auf Ihre Ernährung. Essen Sie nicht zu spät oder zu schwer.
- Alkohol kann zwar schläfrig machen, wirkt sich in der Regel aber negativ auf die Schlafqualität aus.
- Das Schlafzimmer sollte leise, ganz abgedunkelt, gut durchlüftet und nicht zu warm sein.

- Nutzen Sie Ihr Bett zu nichts anderem mehr als zum Schlafen.
- Nutzen Sie keine Bildschirme im Schlafzimmer. Ideal wäre es sogar, bis zu einer Stunde vor dem Schlafengehen ganz auf Bildschirme zu verzichten.
- Wenn Sie nicht einschlafen können, zwingen Sie sich nicht, liegen zu bleiben. Anstatt zu grübeln, stehen Sie lieber noch einmal auf und gehen Sie erst wieder zu Bett, wenn Sie müde sind.

Bei der Entstehung und Aufrechterhaltung von Schlafstörungen spielen Glaubenssätze über den Schlaf eine große Rolle. Der Gedanke »Ich muss unbedingt x Stunden durchschlafen, sonst schaffe ich den nächsten Tag nicht!« kann Druck aufbauen und den Körper anspannen. Dadurch wird es unmöglich einzuschlafen, was wiederum weitere Stressgedanken zur Folge hat.

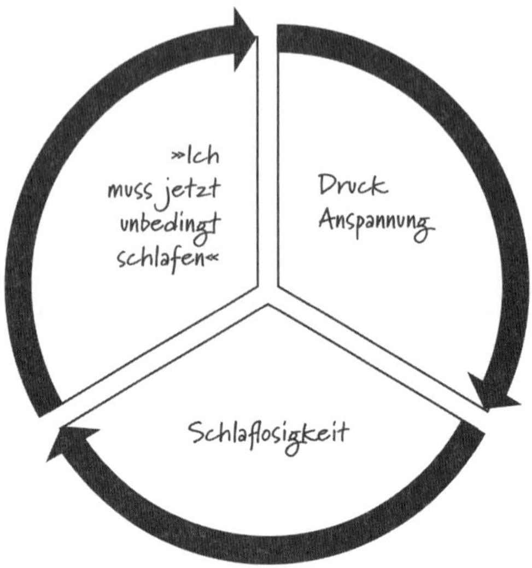

Um diesen Teufelskreis zu durchbrechen (oder ihm vorzubeugen), können folgende Strategien hilfreich sein:

- Gehen Sie nur zu Bett, wenn Sie sich müde fühlen, und nicht, wenn Sie denken, dass Sie schlafen müssten.
- Ersetzen Sie den Gedanken »Ich muss jetzt schlafen!« durch den Satz »Ich kann mich jetzt ausruhen!«.
- Vermeiden Sie es, nachts nachzuschauen, wie viel Uhr es ist. Der Blick auf den Wecker führt dazu, dass wir rechnen, wie viel Zeit wir noch schlafen können. Und wissen Sie, was wir nicht können, wenn wir gerade rechnen? Richtig, schlafen!
- Relativieren Sie Ihre Annahmen über Schlaf. Es gibt keine allgemeingültige Stundenzahl, die besagt, wie viel Schlaf der Mensch braucht. Die Welt geht auch nicht direkt unter, wenn eine Nacht mal nicht so erholsam ist. Nachts wach werden ist zum Beispiel völlig normal und muss keinen Einfluss auf die Schlafqualität haben.
- Vertrauen Sie Ihrem Körper. Dieser wird sich schon das nehmen, was er braucht.

Wenn Sie Ihre Schlafqualität verbessern wollen, können Sie dies also tun, indem Sie Ihre Schlafgewohnheiten ändern, Ihr Bett wieder zu einem erholsamen Ort machen und vor allem sich selbst nicht mehr unter Druck setzen.

In diesem Sinne gehört das Schlusswort des Sandmännchens etwas abgewandelt: Nun schnell ins Bett und schlaft recht schön ... aber nur, wenn ihr müde seid, wenn nicht, macht euch mal keinen Stress!

ÜBUNG #36: DAS SCHLAFTAGEBUCH

Ein Schlaftagebuch ist eine Methode zur Sammlung von Informationen über Schlaf und Schlafgewohnheiten. Es kann dabei helfen, Auslöser für Schlafstörungen zu erkennen und Zusammenhänge aufzudecken. Es kann auch als nützliche Basis dienen, wenn Sie mit Ihrem Arzt oder einer Therapeutin über Schlafstörungen sprechen wollen.

- Besorgen Sie sich ein Notizbuch oder drucken Sie sich eine Vorlage für ein Schlaftagebuch aus dem Internet aus.
- Notieren Sie täglich abends die Uhrzeit, zu der Sie ins Bett gehen.
- Notieren Sie am Folgetag die Uhrzeit, zu der Sie erwacht sind.
- Notieren Sie, wie lange es am Vorabend gedauert hat, bis Sie eingeschlafen sind.
- Notieren Sie, wenn Sie nachts aufgewacht sind und nicht wieder sofort einschlafen konnten.
- Bewerten Sie die Qualität Ihres Schlafs auf einer Skala von 1 bis 10.
- Machen Sie Notizen zu besonderen Ereignissen, die sich auf Ihren Schlaf auswirken könnten (etwa der Konsum von Koffein oder Alkohol am Abend, körperliche Beschwerden oder Stress).
- Wenn Sie Schlaftabletten oder Beruhigungsmittel eingenommen haben, notieren Sie dies und geben Sie die Dosis an.
- Versuchen Sie, Ihr Schlaftagebuch über mehrere Wochen hinweg konsequent zu führen, um ausreichend Daten zu sammeln und Muster zu erkennen.

MYTHOS #37

VERDRÄNGUNG IST IMMER SCHLECHT

Ihr Schmerz ist noch brühwarm? Toll! Den dürfen Sie jetzt auf keinen Fall unterdrücken. Der muss sofort raus. Wenn Sie ihn jetzt verdrängen und den Deckel auf dem Kochtopf halten, dann wird alles weiterbrodeln, bis das Ganze irgendwann explodiert!

Verdrängung hat einen schlechten Ruf: Wer Unangenehmes verdrängt, könne die zugrunde liegenden Emotionen und Gedanken nicht angemessen verarbeiten. Dies führe zu einer Ansammlung ungelöster emotionaler Belastungen, die sich später in Form von Angststörungen, Depressionen oder posttraumatischen Belastungsstörungen manifestieren könnten.

Dabei stellt Verdrängung einen ganz normalen psychischen Schutzmechanismus dar. Anstatt von akuter emotionaler Belastung übermannt zu werden, sind viele Menschen in der Lage, ihren Alltag zu meistern, indem sie schmerzhafte Erlebnisse vorübergehend ignorieren.

Die Lehre der Verdrängung stellt eine wichtige Grundlage der Psychoanalyse dar. Sigmund Freud beschrieb schon 1914 Verdrängung als einen Prozess, bei dem unangenehme oder schmerzhafte Erlebnisse ins Unbewusste verschoben werden. Ihm zufolge stellt Verdrängung einen wichtigen Abwehrmechanismus dar, der es den Menschen ermöglicht, emotional zu überleben.

Die Ansicht, dass traumatische Erlebnisse sofort aufgearbeitet werden müssen, um Verdrängungsprozesse zu vermeiden, ist nicht nur nicht immer richtig, sie kann sogar kontraproduktiv sein. Das sogenannte *Critical Incident Stress Debriefing* (CISD) nach Mitchell (1983) ist eine Gruppenintervention, die entwickelt wurde, um Betroffenen nach traumatischen Großereignissen wie Naturkatastrophen oder Terroranschlägen schnell die Möglichkeit zu geben, über ihre Erfahrungen zu sprechen und emotionale Unterstützung zu erhalten. In bestimmten Fällen kann eine zügige professionelle therapeutische Unterstützung sinnvoll sein, vorausgesetzt, die Betroffenen sind bereit, sich mit dem Erlebten in einer angemessenen therapeutischen Umgebung auseinanderzusetzen. Studien zeigen allerdings, dass sich ein forciertes Debriefing kurz nach einem traumatischen Ereignis nicht nur als unwirksam erwiesen hat, um einer posttraumatischen Belastungsstörung vorzubeugen, sondern sogar zu einer Verschlimmerung der Symptome führen kann (Rose et al., 2002).

Aktuellere Studien gehen noch weiter und belegen, dass das aktive Unterdrücken belastender Erinnerungen dazu führen kann, dass diese verblassen und erfolgreich verdrängt werden (Meyer & Benoit, 2022).

Aber ganz so leicht ist es dann natürlich doch nicht mit der Verdrängung: Obwohl das Unterdrücken und Abwehren auf den ersten Blick hilfreich sein kann, verschwinden Gefühle, Emotionen und Erinnerungen dadurch nicht wirklich. Auch wenn sie dem Bewusstsein entzogen sind, wirken sie im Unterbewusstsein und können das alltägliche Verhalten beeinflussen. In extremen Fällen kann dies zu psychischem Leidensdruck oder emotionaler Abstumpfung führen. Aus diesem Grund ist es wichtig, eine ausgewogene Herangehensweise zu finden.

Lassen Sie sich also nicht einreden, dass Verdrängung per se schlecht ist. Sehen Sie sie als natürliche Schutzreaktion, auf die Sie zurückgreifen dürfen, wenn es sich für Sie richtig anfühlt. Achten Sie dennoch darauf, wie es in Ihnen drin aussieht, und ziehen Sie von Zeit zu Zeit Bilanz. Die folgenden Fragen können sich bei der Einschätzung, ob eine therapeutische Aufarbeitung ratsam wäre, als hilfreich erweisen – vor allem wenn die Symptome auch Wochen und Monate nach einem belastenden Ereignis noch andauern:

- Merken Sie selbst eine Veränderung in Ihrem Erleben und Handeln oder bekommen Sie dies von anderen Menschen rückgemeldet?
- Belasten Sie Stimmungsschwankungen, Ängste oder Schlafprobleme?
- Leiden Sie unter Albträumen oder plötzlichen bildhaften Erinnerungen (Flashbacks) an das Erlebte?
- Fühlen Sie sich ständig angespannt oder sind Sie besonders nervös oder schreckhaft?
- Leiden Sie unter anhaltenden Schuld- oder Schamgefühlen?

- Fühlen Sie sich in Ihrer Lebensqualität oder in Ihrer Freiheit eingeschränkt, da Sie bestimmte Situationen, Orte oder Gespräche vermeiden oder sich nur unter Angst damit auseinandersetzen können?

Insgesamt ist es wichtig, eine gesunde Balance zu finden. Es ist in Ordnung, sich vorübergehend vor extremen emotionalen Belastungen zu schützen. Wenn die Verdrängung aber zu anhaltenden negativen Symptomen führt, kann eine Aufarbeitung des Erlebten wichtig sein. Zögern Sie also nicht, auf professionelle Hilfe zurückzugreifen.

Erlauben Sie sich den Deckel auf Ihrem Kochtopf. Vergessen Sie aber nicht, immer wieder mal nachzuschauen und darauf zu achten, dass nichts anbrennt.

ÜBUNG #37: DIE TRESORÜBUNG

Die Tresorübung ist eine Imaginationstechnik, die in vielen Traumatherapien (etwa Reddemann, 2001) als Stabilisierungstechnik verwendet wird. Sie erlaubt es, sich von belastenden Bildern oder Gedanken zu distanzieren, welche in der Vorstellung in einem geschützten und abschließbaren Tresor abgelegt werden. Die Wirksamkeit erhöht sich, je öfter man die Übung wiederholt.

› Suchen Sie sich einen Ort, an dem Sie für einige Minuten bequem sitzen oder liegen können. Sie haben die Wahl, ob Sie Ihre Augen geöffnet halten oder schließen möchten, je nachdem, was für Sie angenehm ist.

- Stellen Sie sich nun einen Tresor vor. Es ist wichtig, dass Sie diesen Tresor verschließen können und dass er ausschließlich von Ihnen geöffnet werden kann. Nur Sie haben den Schlüssel oder kennen den richtigen Verschlussmechanismus.
- Wenn Sie sich dazu bereit fühlen, stellen Sie sich vor, wie Sie den Tresor öffnen und all das hineinlegen, was Sie gerade belastet und womit Sie sich im Moment nicht auseinandersetzen wollen. Sämtliche Bilder, Gedanken und Emotionen sind hier sicher aufbewahrt; nichts geht verloren. Bei Bedarf können sie zu einem späteren Zeitpunkt, wenn es Ihnen besser geht, wieder aus diesem Tresor herausgeholt werden.
- Nun kehren Sie in Ihrem eigenen Tempo und auf für Sie stimmige Weise langsam in den gegenwärtigen Raum zurück.

Diese Übung ersetzt keine richtige Traumatherapie. Falls Sie unter anhaltenden Belastungen leiden, zögern Sie nicht, auf professionelle Hilfe zurückzugreifen.

MYTHOS #38

SELBSTVERBOTE SIND ZIELFÜHREND

Wieso enden die meisten Diäten, die eine stark eingeschränkte Kalorienaufnahme voraussetzen oder bestimmte Nahrungsmittel ganz verbieten, in einem frustrierenden Jo-Jo-Effekt?
Wieso denkt man, sobald man den festen Entschluss gefasst hat, mit dem Rauchen aufzuhören, an nichts anderes mehr als an die Zigarette, die man jetzt rauchen könnte?

Ein erfolgreiches Leben als angepasste*r Bürger*in der Gesellschaft setzt bestimmte Selbstverbote voraus:

Wenn wir unsere Arbeit nicht verlieren wollen, kann es besser sein, ein Blatt vor den Mund zu nehmen, anstatt dem Chef oder der Chefin zu sagen, was wir wirklich von ihm oder ihr halten. Wenn wir an unserer Gesundheit hängen, wäre es ratsam, auf die ranzige Mayonnaise zu verzichten, die schon den ganzen Tag in der Sonne stand. Und wenn wir nicht im Gefängnis landen wollen, kann es sinnvoll sein, auf die Ausübung unserer Gewaltfantasien zu verzichten, wenn der Ordnungsbeamte uns schadenfroh grinsend ein Knöllchen verpasst, obwohl wir gerade vom Parkticketautomaten zurückkommen.

Obwohl Selbstverbote in bestimmten Bereichen als Mittel zur Selbstdisziplin und zur Zielerreichung dienen können, erweisen sie sich in anderen Situationen als kontraproduktiv:

- Eine zu strenge Diät kann zu Mangelerscheinungen, ungesundem Essverhalten und einem gesteigerten Verlangen nach verbotenen Lebensmitteln führen.
- Sich selbst zu verbieten, Pausen einzulegen oder Freizeit zu genießen, um mehr zu arbeiten, kann zu Erschöpfung und verringerter Produktivität führen.
- Das Verbot von Fehlern oder die Erwartung, immer perfekt zu sein, kann zu Unsicherheit und dem Vermeiden neuer Herausforderungen führen.

Die Theorie der Reaktanz nach Brehm (1966) geht davon aus, dass Menschen ein angeborenes Bedürfnis nach Autonomie und Wahlfreiheit haben. Wenn dieses Bedürfnis eingeschränkt wird, entsteht eine Dissonanz, ein Unstimmigkeitsgefühl, das unangenehm ist. Um die Unstimmigkeit zu reduzieren und die Autonomie wiederherzustellen, steigt unser Verlangen nach der eingeschränkten Option. Das Verbotene wird aufgrund des inneren Konflikts attraktiver. Dies kann sogar dazu führen, dass wir Dinge begehren, die zuvor nicht so reizvoll waren.

Gerade im Bereich des restriktiven Essverhaltens zeigen viele Studien, dass rigide Diäten in der Regel nicht nur nicht erfolgreich sind, sondern langfristig sogar zu einer weiteren Gewichtszunahme führen. Falls Sie selbst mit dem Wunsch nach Gewichtsabnahme ringen, können Sie sich an folgenden Empfehlungen orientieren:

- Konzentrieren Sie sich auf eine gesunde und ausgewogene Ernährung, statt extrem kalorienarme Diäten zu befolgen oder sich verschiedene Nahrungsmittel ganz zu verbieten.
- Essen Sie regelmäßig, um Ihren Stoffwechsel stabil zu halten. Vermeiden Sie längere Essenspausen, die zu Heißhunger führen könnten.
- Nehmen Sie sich ausreichend Zeit beim Essen und kauen Sie gründlich, um das Sättigungsgefühl zu verbessern und Überessen zu vermeiden.
- Trinken Sie ausreichend Wasser, um Ihren Appetit zu kontrollieren und Ihren Stoffwechsel zu unterstützen.
- Beobachten Sie bewusst, wie sich Ihr Körper vor, während und nach dem Essen fühlt. Nehmen Sie achtsam, und ohne Bewertung, körperliche Signale wie Appetit, Hunger und Sättigung wahr.
- Essen Sie, wenn Sie hungrig sind, und hören Sie auf zu essen, wenn Sie sich satt fühlen, aber noch nicht übermäßig voll.
- Stress kann zu übermäßigem Essen führen. Erlernen Sie gesunde Bewältigungsstrategien wie Atemtechniken oder systematische Entspannungsübungen, die Sie kurz vor dem Essen anwenden.
- Schlafmangel kann zu hormonellen Ungleichgewichten führen, die den Appetit beeinflussen. Sorgen Sie für ausreichenden und erholsamen Schlaf.

- Betrachten Sie Ihr Ziel als langfristige Veränderung des Lebensstils anstatt als kurzfristiges Ergebnis auf der Waage. Dies mindert den Druck und führt zu nachhaltigeren Ergebnissen.

Es ist also wichtig, Selbstverbote mit Augenmaß zu setzen und darauf zu achten, dass sie die positiven Aspekte des Lebens nicht unnötig einschränken. Achten Sie stattdessen auf Ihre individuellen Bedürfnisse. Also verbieten Sie sich ab jetzt rigide jegliche rigiden Selbstverbote!

ÜBUNG #38: DIE PRALINENÜBUNG

Anstatt sich bestimmte Nahrungsmittel wie etwa Schokolade zu verbieten, experimentieren Sie mit dieser Übung aus dem achtsamen Genusstraining, um neue Erfahrungen zu sammeln.

- Suchen Sie sich eine »verbotene« Süßigkeit aus, die Sie in sehr geringen Mengen vor sich hinlegen (zum Beispiel eine einzelne Praline; es kann aber auch ein kleines Stück Schokolade sein, wenn Sie dies bevorzugen).
- Stellen Sie sicher, dass Sie ungestört sind und genug Zeit für die Übung haben.
- Bewerten Sie Ihr Hunger-, Lust- und Sättigungsgefühl auf einer Skala von 1 bis 10.
- Betrachten Sie zunächst die Praline, ohne sie zu berühren. Achten Sie auf Farben, Formen und Details.
- Nehmen Sie die Praline behutsam in die Hand. Achten Sie auf die

Textur der Schokolade, ihre Temperatur und wie sie sich in Ihrer Hand anfühlt.

- Halten Sie die Praline unter Ihre Nase und nehmen Sie den Duft wahr. Versuchen Sie, die verschiedenen Aromen zu identifizieren.
- Nehmen Sie jetzt einen kleinen Bissen von der Praline. Kauen Sie langsam und achtsam, konzentrieren Sie sich auf den Geschmack, die Konsistenz und wie sich die Aromen entwickeln, während Sie kauen.
- Legen Sie nach dem ersten Bissen eine kurze Pause ein. Bewerten Sie wieder Ihr Hunger-, Lust- und Sättigungsgefühl auf einer Skala von 1 bis 10 und fahren Sie dann auf die gleiche Art fort.
- Nachdem Sie die Praline gegessen haben, setzen Sie sich einen Moment lang ruhig hin. Gibt es Veränderungen in Ihrer Stimmung oder Ihrem Wohlbefinden? Bewerten Sie erneut Ihr Hunger-, Lust- und Sättigungsgefühl auf einer Skala von 1 bis 10.

Oft wird berichtet, diese Übung führe dazu, dass die Sättigung bereits nach dem Genuss einer einzelnen Praline eintritt, während man sonst die ganze Pralinenschachtel gegessen hätte. Wenn man sich »Verbotenes« bewusst erlaubt und sich auf den Genuss konzentriert, ist weniger oft mehr.

MYTHOS #39

MEDIKAMENTE SIND (K)EINE LÖSUNG

Ja was denn nun? Sind Medikamente die Zauberbohnen des modernen Menschen, die jedes Problem lösen, oder sind sie giftige Chemiebomben, mit denen sich die skrupellose Pharmaindustrie nur an uns bereichern möchte?

Medikamente sind das Ergebnis jahrzehntelanger Forschung, Entwicklung und klinischer Tests. Sie können die Lebensqualität von Menschen erheblich verbessern und manchmal sogar Leben retten. Medikamente sind in vielen Fällen als hilfreicher und notwendiger Bestandteil der medizinischen Versorgung anzuerkennen.

Medikamente stellen aber keine universelle Zauberlösung dar. Sie können Symptome lindern, Krankheiten kontrollieren und die Lebensqualität verbessern, die zugrunde liegenden Ursachen von Gesundheitsproblemen können sie jedoch nicht immer lösen. Jede Medikamenteneinnahme birgt zudem Risiken für unerwünschte Nebenwirkungen. Verschiedene Medikamente können bei längerer Einnahme sogar paradoxe Effekte zeigen und die Symptome, die sie eigentlich bekämpfen sollen, weiter verstärken. Die langfristige Einnahme von Schmerzmitteln bei Kopfschmerzen kann zum Beispiel ein Phänomen hervorrufen, das als medikamenteninduzierter Kopfschmerz bekannt ist. Und Nasensprays können bei übermäßiger Anwendung dafür sorgen, dass die Nasenschleimhäute anschwellen und die verstopfte Nase sogar verschlimmern, sobald das Medikament abgesetzt wird.

Bei der längeren Einnahme verschiedener Medikamente, wie starker Schmerzmittel (Opioide) oder Schlaf- und Beruhigungsmittel (Benzodiazepine oder Z-Drugs), kann sich zudem eine Abhängigkeit entwickeln. Der Körper gewöhnt sich an das Medikament und benötigt immer größere Mengen, um den gewünschten Effekt zu erzielen. Beim plötzlichen Absetzen oder einer starken Reduzierung der Dosis können dann Entzugserscheinungen wie Angst- und Schlafstörungen auftreten, wodurch die ursprünglichen Beschwerden weiter verstärkt werden.

Die gängige Annahme, dass natürliche Mittel immer die sicherere und gesündere Alternative zu den synthetisch hergestellten Medikamenten darstellen, muss allerdings ebenfalls infrage gestellt werden. Auch Naturheilmittel können durchaus mit schädlichen Nebenwirkungen verbunden sein und Wechselwirkungen mit anderen Medikamenten auslösen.

Zur Behandlung psychischer Krankheiten können, je nach Schweregrad der Störung, Medikamente (Psychopharmaka) als Begleitbehandlung zu einer Psychotherapie empfohlen werden. Bei schweren Depressionen und Angststörungen kommen vor allem Antidepressiva infrage, die im Gegensatz zu Beruhigungsmitteln wie Benzodiazepinen nicht körperlich abhängig machen. In vielen Fällen ist allerdings eine Psychotherapie ausreichend. Eine alleinige medikamentöse Behandlung ohne Psychotherapie wird nicht empfohlen.

Es ist wichtig, Vorurteile zu hinterfragen und sich auf wissenschaftliche Informationen zu stützen, um fundierte Entscheidungen über die Einnahme von Medikamenten zu treffen. Folgende Richtlinien können bei dieser Entscheidung helfen:

- Überprüfen Sie regelmäßig Ihren Medikamentengebrauch, um unerwünschte Wirkungen und eine Abhängigkeitsentwicklung zu vermeiden.
- Informieren Sie Ihre Ärztin oder Ihren Arzt über alle eingenommenen Medikamente.
- Wenn Sie mehr als drei Medikamente gleichzeitig einnehmen, sollten Sie bei Ihrem Arzt oder Ihrer Ärztin nachfragen, ob wirklich alle notwendig sind.
- Setzen Sie kein Medikament eigenmächtig ab.
- Besprechen Sie mit Ihrem Arzt oder Ihrer Ärztin, ob der Konsum von Alkohol in Bezug auf Ihre Medikamente problematisch sein könnte.
- Beachten Sie die folgenden Empfehlungen, um Schlaf- und Beruhigungsmittel korrekt anzuwenden (die sogenannte 4K-Regel, empfohlen von der Deutschen Hauptstelle für Suchtfragen, 2013):
    1. **K**lare Indikation: Nehmen Sie das Medikament nur ein, wenn es medizinisch notwendig ist, und besprechen Sie dies mit Ihrem Arzt oder Ihrer Ärztin.

2. **K**leinste notwendige Dosis: Nehmen Sie so wenig wie möglich, um die gewünschte Wirkung zu erzielen.
3. **K**urze Anwendung: Verwenden Sie das Medikament nur vorübergehend.
4. **K**ein plötzliches Absetzen: Reduzieren Sie die Dosis langsam mit ärztlicher Begleitung.

- Wenn Sie Psychopharmaka wie Schlaf- oder Beruhigungsmittel einnehmen, sollten Sie eine psychotherapeutische Begleitbehandlung in Erwägung ziehen. Sprechen Sie Ihren Arzt oder Ihre Ärztin darauf an.

Wenn Sie Fragen oder Sorgen bezüglich Ihrer Medikamente oder einer möglichen Abhängigkeit haben, sollten Sie fachlichen Rat einholen. Es gibt verschiedene Beratungsangebote, von Ihrem Hausarzt oder Ihrer Hausärztin bis hin zu spezialisierten Fachberatungsstellen.

Medikamente können sich als sinnvoll und manchmal notwendig erweisen, um unsere Gesundheit zu verbessern, zu erhalten oder wiederherzustellen, aber sie sind kein Allheilmittel. Indem wir eine ausgewogene Perspektive bewahren, können wir ihre Vor- und Nachteile besser verstehen und so kluge Entscheidungen für unsere Gesundheit treffen.

Zu Risiken und Nebenwirkungen lesen Sie die Packungsbeilage und fragen Sie Ihre Ärztin, Ihren Arzt oder in Ihrer Apotheke.

ÜBUNG #39: DIE MEDIKAMENTENLISTE

Erstellen Sie am besten eine Liste aller Ihrer Medikamente. Schließen Sie dabei frei verkäufliche Mittel wie Vitamine und Nahrungsergänzungsmittel ein.

- Notieren Sie, wie lange und wie oft Sie jedes Medikament einnehmen, sowie die jeweilige Dosis und den Verschreibungsgrund.
- Passen Sie diese Liste regelmäßig an, wenn sich etwas verändert hat.
- Legen Sie Ihrer Ärztin oder Ihrem Arzt diese Liste bei Kontrollterminen vor, um mögliche Wechselwirkungen oder Nebenwirkungen zu besprechen und zu evaluieren, ob die Verschreibungsgründe weiterhin fortbestehen.

MYTHOS #40

THERAPIE IST FÜR MENSCHEN, DIE KEINE FREUND*INNEN HABEN

Therapie ist nur für Bekloppte.
Therapeut*innen wollen einen wegsperren lassen.
Therapie ist unwissenschaftliche Plauderei.
Therapie macht man nur, wenn wirklich gar nichts mehr geht.
Therapeut*innen wühlen in der Kindheit rum.
Therapie ist Gehirnwäsche mit Medikamenten.
Therapeut*innen haben doch alle selbst einen an der Waffel.

Es gibt mindestens so viele Vorurteile über Psychotherapeut*innen und Psychotherapie wie über Psychotherapiepatient*innen und psychische Krankheiten. Studien zeigen, dass weniger als ein Drittel aller Menschen, die unter einer psychischen Störung leiden, sich professionelle Hilfe sucht (Wittchen et al., 2011). Die Gründe dafür sind sehr unterschiedlich. Für viele Patient*innen bleibt der Zugang zu Psychotherapie aufgrund langer Wartezeiten weiterhin erschwert. Andere sind sich überhaupt nicht bewusst, dass ihre Probleme auf psychische Ursachen zurückzuführen sind. Selbst Ärzt*innen können psychische Krankheiten übersehen, sodass es lange dauern kann, bis eine richtige Diagnose gestellt wird. Ein wichtiger Grund für eine ausbleibende Therapie liegt sicherlich in der Stigmatisierung psychischer Krankheiten, die unter anderem auch durch die Vorurteile über Behandler*innen und Behandlung gefördert wird.

Einen großen Einfluss auf das gesellschaftliche Bild der Psychotherapie üben dabei die Hollywoodfilme aus, mit denen die meisten von uns aufgewachsen sind. Hier werden Therapeut*innen oft in ein sehr schlechtes Licht gerückt. Eine Analyse von 106 Filmen, in denen Psychotherapie-Szenen vorkamen, ergab, dass fast die Hälfte aller dargestellten Therapeut*innen Affären mit ihren Patient*innen einging (*Departed – Unter Feinden*, 2006), sich als inkompetent herausstellte (*Mein Freund Harvey*, 1950) oder die Schweigepflicht nicht einhielt (Gharaibeh, 2005). In Wirklichkeit sind Psychotherapeut*innen aber ausgebildete Gesundheitsprofessionelle, die einer strikten Berufsethik unterliegen.

Die meisten Film-Behandler*innen suchen ihre Erklärungen für aktuelle Konflikte primär in der frühen Kindheit und fußen somit auf der klassischen Psychoanalyse beziehungsweise den tiefenpsychologisch fundierten Psychotherapiemethoden (*Der Stadtneurotiker*, 1977). Diese Ansätze stellen jedoch nur einen Teil des Psychotherapiespektrums dar. Die Forschung zeigt, dass andere Methoden, wie zum Beispiel die kognitive Verhaltenstherapie, bei der weniger »in der Vergangenheit gewühlt« wird, deutlich höhere Effekte in der Behandlung vieler Störungen aufweisen. Aus anderen filmisch dargestellten Therapiesitzungen hingegen ist überhaupt nicht herauszulesen, auf welches wissenschaftliche Behandlungsrational sich die Therapeut*innen beziehen (*Krass*, 2006). Die Interventionen werden manchmal sogar mit Esoterik und Scharlatanerie gleichgestellt. In Wirklichkeit beruhen moderne Psychotherapieansätze jedoch auf ständig wachsender Wirksamkeitsforschung. Auch Filme, in denen Therapeut*innen am Ende der Sitzung den Verschreibungsblock zücken, tragen zur Verwirrung vieler Patient*innen bei (*Reine Nervensache*, 1999). Die meisten Psychotherapeut*innen sind nämlich keine Ärzt*innen und können deshalb auch keine Medikamente verschreiben.

Selbst positiv dargestellte Film-Therapeut*innen können falsche Erwartungen schüren. Zum Beispiel dann, wenn die Behandler*innen im Film sehr kurzfristig Termine anbieten, gerne drei bis vier Mal die Woche, jederzeit erreichbar sind und schon mal alles stehen und liegen lassen, um ihre Patient*innen notfalls auch außerhalb der Therapiepraxis zu unterstützen (*Good Will Hunting – Der gute Will Hunting*, 1997). Menschen, die sich mit solchen unrealistischen Erwartungen in Behandlung begeben, riskieren schnell, enttäuscht zu werden. Therapeut*innen sind natürlich keine Allwissenden, die auf Abruf bereitstehen, um ihre Patient*innen zu retten. Sie sind geschult, Menschen dabei zu helfen, ihre eigenen Antworten und Lösungen zu finden. Therapie ist ein Prozess, bei dem die Patient*innen aktiv einbezogen werden. So legen Therapeut*innen gemeinsam mit ihren Patient*innen realistische Therapieziele fest und vermitteln wissenschaftlich geprüfte Werkzeuge und Strategien, die die Patient*innen dabei unterstützen, diese Ziele zu erreichen.

Lassen Sie sich also nicht von gesellschaftlichen Vorurteilen und schlechten Filmen beeinflussen und zögern Sie nicht, auf professionelle Hilfe zurückzugreifen. Ein erster Schritt kann sein, Ihren Hausarzt oder Ihre Hausärztin darauf anzusprechen. Die Vertrauensbeziehung zwischen Patient*in und Therapeut*in trägt maßgeblich zum Behandlungserfolg bei. Informieren Sie sich also im Voraus über verschiedene Therapierichtungen und testen Sie in einem therapeutischen Erstgespräch die Chemie zwischen Ihnen und Ihrem Gegenüber. Drehen Sie Ihren eigenen Film und achten Sie darauf, die Therapeut*innenrolle richtig zu besetzen!

ÜBUNG #40: WANN BRAUCHE ICH EINE PSYCHOTHERAPIE?

Wenn Sie im Unklaren darüber sind, ob eine Psychotherapie Ihnen helfen könnte, orientieren Sie sich zum Beispiel an den folgenden Fragen des Österreichischen Bundesverbands für Psychotherapie:

- Leiden Sie unter Schmerzen, Schlafstörungen, Schwindel, Herzrhythmusstörungen oder anderen körperlichen Beschwerden, für die ärztlich keine körperliche Ursache festgestellt werden kann?

- Halten Sie sich seit einiger Zeit nur noch mit Aufputsch-, Beruhigungs- oder Schlafmitteln aufrecht?
- Bekommen Sie ohne ersichtlichen Grund Herzrasen und Angst, dass Sie sterben müssen?
- Haben Sie Ängste, die Sie belasten oder einschränken: etwa vor dem Kontakt mit anderen Menschen, vor Autoritäten, vor großen Plätzen, vor engen Räumen oder vor Prüfungen?
- Leiden Sie unter Gedanken, über die Sie mit niemandem zu sprechen wagen (Scham- und Schuldgefühle, Hassgefühle, Unzulänglichkeitsgefühle, das Gefühl, verfolgt oder fremdbestimmt zu werden, etc.)?
- Fühlen Sie sich antriebs- und lustlos, erschöpft oder ständig überfordert?
- Fühlen Sie sich oft niedergeschlagen und haben keine Freude am Leben?
- Sind Sie traurig und vereinsamt?
- Befinden Sie sich in einer belastenden Umbruchsituation (wie Krankheit, Arbeitslosigkeit, Scheidung, Trennung, Unfall etc.), die schwer zu bewältigen ist?
- Denken Sie manchmal an Selbstmord?
- Leben Sie in einer Beziehung, die Sie sehr belastet?
- Fühlen Sie sich durch Ihre Kinder dauerhaft überfordert?
- Haben Sie immer wieder Probleme im Kontakt mit anderen Menschen (z. B. am Arbeitsplatz)?
- Sind Sie süchtig nach Alkohol, Drogen, Essen, Liebe, Spielen?
- Fühlen Sie sich innerlich gezwungen, ständig dasselbe zu denken oder zu tun (zum Beispiel zwanghaftes Waschen, Zusperren, Grübeln o. Ä.), obwohl dies Sie sehr einengt?

- Kommen Sie mit Ihrer Sexualität nicht zurecht?
- Haben Sie große Angst vor Entscheidungen?

Niemand ist eine Insel, in sich ganz; jeder Mensch ist ein Stück des Kontinents, ein Teil des Festlandes.
- John Donne

Du fragst mich, Kind, was Liebe ist?
Ein Stern in einem Haufen Mist.
- Heinrich Heine

Eine Familie ist in Ordnung, wenn man den Papagei unbesorgt verkaufen kann.
- Will Rogers

MYTHEN ÜBER BEZIEHUNGEN UND FAMILIE

MYTHOS #41

LIEBE IST EIN ALLHEILMITTEL

In Büchern, Filmen und Liedern wird die Liebe immer wieder als eine magische Kraft dargestellt, die Antworten auf alle Probleme liefern und selbst die tiefsten Verletzungen heilen kann. Als Kinder haben wir aus den Märchen, die uns vorgelesen wurden, bereits gelernt, dass durch einen einzigen Kuss auch aus dem garstigsten Frosch ein strahlender Prinz werden kann.

Tatsächlich mehren sich die wissenschaftlichen Beweise dafür, dass Liebe unsere Gesundheit positiv beeinflussen, das persönliche Wohlbefinden steigern, Stress reduzieren und das Immunsystem stärken kann. Studien zeigen beispielsweise, dass Menschen, die in glücklichen Partnerschaften leben, dazu tendieren, einen gesünderen Lebensstil zu pflegen (Schoeppe et al., 2018). Sie rauchen weniger oder überhaupt nicht, trinken mäßig Alkohol und ernähren sich gesünder. Das Gefühl des Verliebtseins führt zudem zur Ausschüttung verschiedener Glückshormone wie Endorphine und Serotonin – die unsere Stimmung positiv beeinflussen – und des Bindungshormons Oxytocin, das das Bedürfnis nach Nähe, Geborgenheit und Zärtlichkeit fördert. Dieses hormonelle

Zusammenspiel reduziert Stress, lindert Schmerzen und beschleunigt die Wundheilung.

Zweifellos hat die Liebe viele positive Auswirkungen. Das Leben ist aber kompliziert, vielschichtig und unvorhersehbar. Es bringt eine Vielzahl von Herausforderungen mit sich, in denen Liebe tröstlich wirken, aber die zugrunde liegenden Schwierigkeiten nicht aus der Welt schaffen kann. Menschen, die mit schweren psychischen Gesundheitsproblemen zu kämpfen haben, benötigen zum Beispiel oft professionelle Hilfe und Unterstützung. Liebe allein kann diese Probleme nicht immer bewältigen.

Die gesellschaftliche Vorstellung, dass Zufriedenheit und Glück einzig und allein in einer romantischen Liebesbeziehung zu finden sind, kann zudem dazu führen, dass Singles vermittelt wird, ohne Partner*in weniger wert zu sein. Manche können sich dadurch sogar dazu genötigt fühlen, sich auf ungesunde Beziehungen einzulassen, nur um dem gesellschaftlichen Druck gerecht zu werden. Und natürlich sind ohnehin nicht alle Beziehungen stabil und gesund. Manchmal kann bedingungslose Liebe in toxischen Beziehungen dazu führen, dass Menschen in Situationen verharren, die ihnen schaden. Es ist wichtig zu erkennen, dass Liebe nicht immer ausreicht, um einen Partner oder eine Partnerin zu ändern oder eine Beziehung zu retten. Wenn die gesamte Verantwortung für das eigene Glück auf die Liebe übertragen wird, kann dies zu Abhängigkeit und Unsicherheit führen. So zeigen Studien, dass das Wohlbefinden von Menschen, die sich in glücklichen Beziehungen befinden, zwar höher als das von Singles ist, allerdings sind Singles glücklicher als Menschen, die sich in Beziehungen befinden, die sie gar nicht oder nur mittelmäßig erfüllen (Hudson et al., 2020).

Befinden Sie sich aktuell in einer romantischen Beziehung, in der Sie aufrichtige Liebe empfinden? Super! Herzlichen Glückwunsch! Damit die rosarote Brille Ihnen aber nicht die Sicht zu sehr trübt, verschaffen Sie sich von Zeit zu Zeit etwas objektive Klarheit, indem Sie sich die folgenden Fragen stellen:

- Macht diese Beziehung mich glücklich?
- Tut diese Beziehung mir objektiv gut?
- Erlaubt mir die Liebe zu dieser Person, meine eigenen Rechte und Bedürfnisse auszuleben?
- Schenke ich neben dieser Beziehung den anderen Ressourcen in meinem Leben (Familie, Freund*innen, Hobbys etc.) ausreichend Aufmerksamkeit?
- Entspricht diese Beziehung meinen eigenen Werten?

Sind Sie aktuell Single? Super! Herzlichen Glückwunsch! Natürlich können Sie genauso glücklich (oder unglücklich) werden wie Menschen in Beziehungen! Ob Sie gerade auf der Suche sind oder nicht, achten Sie darauf, dass Sie den Blick auf die vielen anderen Ressourcen in Ihrem Leben nicht verlieren. Sie werden sicher bessere Entscheidungen bei der Wahl der Partner*in treffen können, wenn Sie Ihren eigenen Werten und Vorstellungen treu bleiben, statt sich vom gesellschaftlichen Erwartungsdruck anstecken zu lassen.

Tatsächlich verwandelt sich der Froschkönig, der sich durch Erpressung und Manipulation den Weg ins Bett der Prinzessin gesucht hat, nicht wie vielfach angenommen durch einen Kuss zum Prinzen. In den Hausmärchen der Brüder Grimm findet die Verwandlung erst statt, nachdem die Prinzessin sein toxisches Verhalten plötzlich satthat und ihn mit voller Wucht gegen die Wand klatscht.

ÜBUNG #41: DAS SELBSTBILDHAUS

In Situationen, in denen wir unser Glück von einer einzigen Ressource oder einem einzigen Lebensziel abhängig machen, wird unser Selbstbild auf eine einzelne Facette reduziert. Stellen Sie sich für diese Übung (inspiriert von Junker, 2009) ein Haus vor, das nur auf einer Säule aufgebaut wird.

- Besorgen Sie sich einen flachen Gegenstand, beispielsweise einen Terminkalender oder ein dünnes Buch, sowie kleine Karteikärtchen oder Zettel.
- Schreiben Sie auf ein Kärtchen ein Thema, das gerade viel Raum in Ihrem Leben einnimmt, wie zum Beispiel »Romantische Liebe« oder »Beziehungssuche«. Falten Sie das Kärtchen in der Mitte und stellen Sie es auf.
- Versuchen Sie dann, Ihr Dach (den flachen Gegenstand) auf dieser Säule zu platzieren. Bleibt Ihr Haus stehen oder stürzt es sofort zusammen? Wenn es tatsächlich stehen geblieben ist, wie stabil schätzen Sie es ein?
- Schreiben Sie dann auf die anderen Kärtchen andere Ressour-

cen auf: Namen von Familienangehörigen, Freund*innen und anderen wichtigen Menschen in Ihrem Leben, Interessen, Hobbys und Leidenschaften, die Sie haben, Stärken und Kompetenzen, über die Sie verfügen, Erfolge, die Sie im Leben erzielt haben, Wertvorstellungen, die Ihnen wichtig sind. Je mehr Kärtchen, desto besser!

› Falten Sie alle Kärtchen und stellen Sie sie nebeneinander auf. Legen Sie dann Ihr Dach auf dieser Säulenreihe auf. Ist es diesmal stehen geblieben?

Manchmal kann unser Selbstwertgefühl auf wackligen Beinen stehen, wenn wir uns auf nur eine Säule konzentrieren. Wenn diese dann auch noch einen Riss bekommt oder ganz zusammenbricht, stürzt das ganze Haus in sich zusammen. Machen Sie sich also deutlich, dass neben dieser einen Säule viele weitere Säulen stehen, die Ihrem Haus Stabilität geben. Lesen Sie sich Ihre Kärtchen von Zeit zu Zeit durch.

MYTHOS #42

IN EINER GUTEN BEZIEHUNG WILL MAN IMMER DAS GLEICHE

Sie frühstücken morgens zusammen, fahren zusammen zur Arbeit (ja, sie sind Arbeitskolleg*innen), essen in der Mittagsstunde zusammen, gucken abends zusammen Serien und gehen zusammen ins Bett. Sie mögen dieselben Bücher, dieselben Filme, dieselbe Musik und dieselben Restaurants. Sie teilen denselben Freundeskreis und gehen denselben Interessen und Hobbys nach. Sie wählen dieselben Politiker*innen und haben dieselben Wertvorstellungen. Sie haben identische Wünsche, Ziele und Vorstellungen für die gemeinsame Zukunft und identische Bedürfnisse nach Nähe und Intimität. So sieht eine glückliche Beziehung aus! Oder?

Es ist eine weitverbreitete Vorstellung, dass Partner*innen in Beziehungen auf der exakt gleichen Wellenlänge schwimmen, identische Wünsche und Bedürfnisse haben und auf jeder Ebene perfekt zueinander passen sollten. Nicht von ungefähr gilt das Sprichwort »Gleich und Gleich gesellt sich gern«. Tatsächlich zeigt die Forschung, dass Menschen eher Beziehungen mit Partner*innen eingehen, mit denen sie Gemeinsamkeiten aufweisen, als mit anderen (Horwitz et al., 2023). Dies konnte für Aspekte wie das Alter, das Bildungsniveau, politische Einstellungen oder das Gesundheitsverhalten nachgewiesen werden. In Bezug auf bestimmte Persönlichkeitseigenschaften wie der Extraversion verhält es sich allerdings anders: Extravertierte Menschen gehen genauso viele Beziehungen mit extravertierten wie mit introvertierten Menschen ein. Und bei den Fragen, ob man eher zu den Nachteulen oder den Lerchen gehört oder ob man eher unbeschwert oder sorgenvoll ist, gilt wohl sogar eher das Gegenteil: »Gegensätze ziehen sich an.«

Statistik ist im Endeffekt aber auch immer nur Statistik. Es gibt in diesem Sinne kein eindeutiges Patent für eine glückliche Beziehung. Ob Sie nun viel oder wenig mit Ihrem Partner oder Ihrer Partnerin gemeinsam haben, wir alle sind einzigartige Individuen, die ihre eigenen Vorstellungen, Wünsche und Ziele im Leben haben. Dies bedeutet zwangsläufig, dass in einer Beziehung nicht immer alles nahtlos zusammenpasst, und das ist völlig in Ordnung.

Nicht für jede Beziehung ist es förderlich, ständig immer alles gemeinsam zu machen. Unterschiedliche Bedürfnisse und Ziele erfordern Respekt und Toleranz füreinander und können sogar eine Chance für Wachstum und eine tiefere Verbindung darstellen. Indem beide Partner*innen die Freiheit haben, ihre eigenen Träume und Ambitionen zu verfolgen, ohne von der anderen Person eingeschränkt zu werden, kann eine Atmosphäre des Vertrauens und der Unterstützung geschaffen werden. Wenn Partner*innen regelmäßig individuellen Aktivitäten und sozialen Kontakten außerhalb des gemeinsamen Freundeskreises nachgehen, lernen sie, auf ihre eigenen Bedürfnisse zu hören und sie selbstständig zu erfüllen. Dadurch kann die Anziehungskraft zwischen den Partner*innen sogar gefördert werden. So wird die Beziehung nicht nur kontinuierlich belebt, sondern die bessere Hälfte bleibt auch interessant. Paare treffen auf diese Weise immer wieder bewusst die Entscheidung zusammenzubleiben.

Dabei ist die richtige Balance zwischen Nähe und Distanz entscheidend für die Beziehungsqualität. In Beziehungen geht es also nicht immer darum, identische Bedürfnisse zu haben, sondern zu lernen, Kompromisse einzugehen. Es kann in diesem Sinne notwendig sein, die rosarote Brille von Zeit zu Zeit abzusetzen und die Beziehung nicht nur als romantisches Idyll, sondern als eine Partnerschaft zu sehen, in der Wünsche und Bedürfnisse ausgedrückt werden und am Verhandlungstisch auch mal gefeilscht werden darf.

Wenn sich unterschiedliche Vorstellungen und Wünsche herausstellen, sollten sie als Gelegenheit zur Bereicherung und zum Wachstum betrachtet werden anstatt als Hindernisse. Die Fähigkeit, sich gegenseitig Raum zu geben und gleichzeitig eine Verbindung aufzubauen, die auf Liebe, Respekt und Verständnis basiert, ist der Schlüssel zu einer erfüllenden und dauerhaften Partnerschaft.

Wie eine glückliche Beziehung aussieht, liegt ganz bei Ihnen, ob mit der exakten Kopie oder dem totalen Gegenteil – Hauptsache, Sie fühlen sich wertgeschätzt und respektiert!

ÜBUNG #42: GEMEINSAMKEITEN UND UNTERSCHIEDE

In Beziehungen können sich sowohl Gemeinsamkeiten als auch Unterschiede zwischen Partner*innen als wertvolle Ressourcen erweisen. Diese Übung soll Ihnen dabei helfen, einen Überblick über Ihre Paarressourcen zu erhalten. Sie können die Übung allein oder gerne auch mit Ihrem Partner oder Ihrer Partnerin zusammen ausprobieren.

- Gleich und Gleich gesellt sich gern: Erstellen Sie eine Liste mit sämtlichen Gemeinsamkeiten (Persönlichkeitseigenschaften, Interessen, Werten, Zielen, Bedürfnissen, Erlebnissen etc.), die Sie mit Ihrem Partner oder Ihrer Partnerin teilen und die Sie als Ressource für Ihre Beziehung erleben.
- Gegensätze ziehen sich an: Erstellen Sie eine Liste mit sämtlichen Eigenschaften, in denen Sie sich von Ihrem Partner oder Ihrer Partnerin unterscheiden, aber sich gegenseitig gut ergänzen. Notieren Sie auch hier nur solche Eigenschaften, die Sie als Ressource für Ihre Beziehung erleben.

Betrachten Sie die beiden Listen, die ständig ergänzt werden können, als Work in progress. Evaluieren Sie Ihre Beziehung von Zeit zu Zeit neu. Werden Gemeinsamkeiten und Unterschiede, die Sie zuvor notiert haben, immer noch als Ressourcen wahrgenommen? Wie können Sie dafür sorgen, dass das so bleibt?

MYTHOS #43

PARTNER*INNEN SIND BLITZABLEITER

Der Chef bringt Sie mal wieder zur Weißglut?
Das schöne Filet Wellington ist Ihnen verbrannt?
Ihre Fußballmannschaft hat mal wieder verkackt?
Sie haben so richtig miese Laune, können, dürfen oder wollen diese aber nicht auf der Arbeit, vor dem Freundeskreis oder in der Öffentlichkeit zur Schau tragen?
Kein Problem! Wozu hat man denn schließlich einen Partner oder eine Partnerin? Der oder die kann das schon aushalten!

Natürlich ist es ein Zeichen von Verbundenheit, wenn man sich in einer Paarbeziehung nicht verstellen muss. Wenn man schon den ganzen Tag lang gute Miene zum bösen Spiel macht, muss es doch wenigstens zu Hause erlaubt sein, die Maske abzulegen. In einer Beziehung sollte man sich so nehmen, wie man ist. Jeder und jede hat das Recht, mal schlechte Laune zu haben, und das sollte auch so von Partner*innen akzeptiert werden.

Und doch ist ein Partner oder eine Partnerin natürlich mehr als nur ein Punchingball. Jeder Mensch und jede Beziehung haben eine Belastungsgrenze. Wir sollten es nicht als selbstverständlich ansehen, dass wir unseren ganzen emotionalen Müll ungefiltert bei unserer besseren Hälfte abladen können. Eine Beziehung sollte ein Ort der Unterstützung, des Verständnisses und der Liebe sein. Wenn Sie Ihren Partner oder Ihre Partnerin systematisch als Ventil für Ihre negativen Gefühle verwenden, kann dies die Beziehung belasten, das Vertrauen beeinträchtigen und dafür sorgen, dass sich Ihre liebste Person emotional von Ihnen entfremdet.

Paare sollten also sorgfältig überlegen, wie sie überschüssige negative Energie auf alternative Weise abbauen können. Es könnte hilfreich sein, gelegentlich auf bewährte Methoden der Emotionsregulation zurückzugreifen.

- Versuchen Sie, sich körperlich auszupowern. Machen Sie intensiven Sport, gehen Sie laufen oder tanzen Sie.
- Schreien Sie sich auf dem Nachhauseweg im Auto den Frust von der Seele.
- Testen Sie, ob Sie überschüssige Energie vielleicht an einem Boxsack oder einem Kissen entladen können.
- Nehmen Sie eine kalte Dusche oder ein langes Schaumbad, je nachdem, was besser passt.
- Suchen Sie das Gespräch mit Freund*innen und greifen Sie gegebenenfalls auch auf professionelle Hilfe zurück. Egal wie sehr Ihr Partner oder Ihre Partnerin Sie liebt, er oder sie sollte nicht therapieren müssen.

Reziprozität beschreibt das Prinzip der Gegenseitigkeit, das ein grundlegendes Konzept menschlichen Verhaltens ist. Handlungen, die auf Wechselseitigkeit beruhen, sind in nahezu allen zwischenmenschlichen Beziehungen zu finden. Besonders zu Beginn einer Beziehung setzen wir uns stark dafür ein, dem/der Partner*in Gutes zu tun. Eine erfolgreiche Beziehung zeichnet sich durch das Geben und Nehmen beider Partner*innen aus.

Nach Gottman (1994) ist eine Beziehung dann stabil, wenn auf eine negative Interaktion mindestens fünf positive Interaktionen kommen.

Damit Sie Ihren Partner oder Ihre Partnerin auch mal mit emotionalem Ballast bewerfen dürfen, müssen Sie also darauf achten, vorher genug »Beziehungskredit« aufzubauen. Dies bedeutet nicht, dass dieses Zusammenspiel zu jeder Zeit im gleichen Maße ausgeglichen sein muss. Es ist normal, dass es Phasen gibt, in denen die Balance etwas verschoben ist. Wichtig ist jedoch, dass das Gesamtbild ausgewogen bleibt.

Die Zufriedenheit in einer Beziehung hängt stark davon ab, ob man von seinem Partner oder seiner Partnerin Aufmerksamkeit und Anerkennung erfährt. Wenn man geschätzt und liebevoll behandelt wird, erwidert man dies in der Regel ebenso. Dies schafft eine positive Aufwärtsspirale. Das Gegenteil kann passieren, wenn Partner*innen einander vernachlässigen und eine negative Atmosphäre in der Beziehung entsteht. Um aus dieser Abwärtsspirale auszubrechen, ist es ratsam, einen konstruktiven Ansatz zu verfolgen, indem man sich auf die positiven Eigenschaften des Partners oder der Partnerin konzentriert und diese auch würdigt.

› Achten Sie also bewusst auf die Bedürfnisse Ihres Partners oder Ihrer Partnerin.
› Nehmen Sie seine / ihre Liebe, Unterstützung und Treue nicht als selbstverständlich wahr.
› Geben Sie sich Mühe, regelmäßige positive Interaktionen herbeizuführen. Loben Sie Ihren Partner oder Ihre Partnerin, machen Sie ihm oder ihr Komplimente und kleine Geschenke, drücken Sie Ihre positiven Gefühle aus. Bleiben Sie dabei aber immer authentisch.

Wer sich liebt, der sollte in guten wie in schlechten Zeiten füreinander da sein. Dies bedeutet, vom Partner oder von der Partnerin auch schon mal verlangen zu können, unseren gelegentlichen Griesgram einzustecken. Dabei sollten aber nie der Respekt und die Wertschätzung zu kurz kommen. Manchmal tut's auch schon ein »Danke, dass du da bist!«.

ÜBUNG #43: ZURÜCK AUF LOS!

Zu Beginn einer Beziehung sind wir besonders bemüht, uns von unserer besten Seite zu zeigen. Wir tendieren auch dazu, die positiven Eigenschaften unseres Partners oder unserer Partnerin stärker wahrzunehmen. Mit der Zeit kehren Routinen ein, und der Fokus auf positive Interaktionen kann abnehmen. Die Erinnerungen an die Anfänge einer Beziehung sind daher ein wertvoller Zugang zu Ressourcen. Diese Übung können Sie für sich allein, gern aber auch mit Ihrem Partner oder Ihrer Partnerin zusammen durchführen.

Erinnern Sie sich an die ersten Tage, Wochen, Monate Ihrer Beziehung. Schreiben Sie alles auf, was Ihnen dazu einfällt:

- Was haben Sie am Verhalten und am Auftreten Ihres Partners oder Ihrer Partnerin besonders geschätzt?
- Wie haben Sie versucht, sich für Ihren Partner oder Ihre Partnerin interessant zu machen und ihn oder sie für sich zu gewinnen?
- Über was haben Sie anfangs miteinander geredet?
- Welche Aktivitäten haben Sie gerne zusammen unternommen?
- Gab es bestimmte Orte, an denen Sie schöne Momente verbracht haben?
- Gab es besonders schöne Erlebnisse, die Ihnen in Erinnerung geblieben sind?

Überlegen Sie, wie Sie allein oder zusammen dazu beitragen können, regelmäßig einen Funken dieser anfänglichen Magie aufleben zu lassen.

MYTHOS #44

VERTRAUEN IST GUT, KONTROLLE IST BESSER

Mal ab und zu heimlich die Chatverläufe auf dem Handy des Partners oder der Partnerin durchlesen. Das Passwort für seinen oder ihren Mail-Account hacken. Einen Peilsender am Auto anbringen. Das ganze Haus mit Abhörwanzen und versteckten Kameras abdecken. Die Türen verriegeln, alle Fenster mit Holzbrettern zunageln und eine hohe Mauer um das ganze Haus hochziehen. So ein bisschen Kontrolle hat doch noch keiner Beziehung geschadet. Oder?

Um eine Beziehung erfolgreich zu gestalten, sind neben Liebe auch Kompromissbereitschaft, gegenseitiger Respekt und vor allem Vertrauen erforderlich. In einer gesunden Beziehung sollten beide Partner*innen die Freiheit haben, sie selbst zu sein und ihre Individualität zu bewahren. Kontrolle kann dazu führen, dass das Gefühl entsteht, die eigene Persönlichkeit oder eigene Interessen opfern zu müssen, um den Wünschen des Partners oder der Partnerin gerecht zu werden.

Wenn sich Partner*innen vertrauen, fühlen sie sich sicher, ihre Gedanken, Gefühle und Bedenken zu teilen, ohne Angst vor negativen Konsequenzen zu haben. Wenn wir jemandem vertrauen, zeigen wir damit, dass wir den Entscheidungen und dem Urteilsvermögen dieser Person Respekt entgegenbringen. Übermäßige Kontrolle hingegen kann als Herabwürdigung empfunden werden.

Studien zeigen, dass Beziehungen, die von übermäßiger Kontrolle und Kritik geprägt sind, sich nicht nur negativ auf die psychische, sondern auch auf die körperliche Gesundheit der Partner*innen auswirken können (Bookwala & Gaugler, 2020).

Kontrollverhalten in Beziehungen kann aus einer Vielzahl von Gründen entstehen:

- Partner*innen können Kontrollverhalten entwickeln, um die eigenen Unsicherheiten und Ängste zu bewältigen.
- Menschen, die in bestimmten Lebensbereichen wenig Kontrolle über ihre Situation erleben, wie etwa bei der Arbeit, können unbewusst dazu neigen, dies durch Kontrollverhalten in der Beziehung zu kompensieren.
- Eine Person kann Kontrollverhalten entwickeln, wenn sie in der Vergangenheit negative Erfahrungen gemacht hat und in früheren Beziehungen beispielsweise betrogen oder verletzt wurde.

Vertrauen in einer Beziehung zu entwickeln kann eine große Herausforderung darstellen. Gerade wenn wir in vergangenen Beziehungen bereits enttäuscht wurden, ist es verständlich und vielleicht auch sinnvoll, vorsichtig zu sein. Dennoch sollten keine Vorurteile aufgrund früherer Erfahrungen auf die neue Beziehung übertragen werden. Um Vertrauen aufzubauen, sind Zeit und Zuverlässigkeit entscheidend.

Wenn Sie das Vertrauen in Ihrer Beziehung stärken wollen oder erkennen, dass Ihr Kontrollverhalten bereits zu viel Raum eingenommen hat, können folgende Ansätze hilfreich sein:

- Konzentrieren Sie sich weniger auf die Fehler Ihres Partners oder Ihrer Partnerin und mehr auf die Stärken und positiven Eigenschaften Ihrer Beziehung. Geben Sie sich Mühe, Ihrem Partner oder Ihrer Partnerin mehr Vertrauen und Respekt zu schenken und dies auch nach außen zu zeigen.
- Wenn Sie erkennen, dass Sie sich zu kontrollierend verhalten haben, ist es wichtig, sich für früheres Verhalten zu entschuldigen und die Verantwortung für Konflikte zu übernehmen, die durch das Kontrollverhalten entstanden sind.
- Fragen Sie Ihren Partner oder Ihre Partnerin, wie er oder sie sich in der Beziehung fühlt, und bitten Sie ihn oder sie um aufrichtiges Feedback. Versuchen Sie zusammen, Anzeichen für übermäßiges Kontrollverhalten rechtzeitig zu erkennen und ihm vorzubeugen.
- Drücken Sie Ihre Gefühle und Bedürfnisse klar und direkt aus und vertrauen Sie darauf, dass Sie beide fähig sind, Kompromisse zu finden, wenn Ihre Bedürfnisse kollidieren.
- Versuchen Sie, die zugrunde liegenden Ursachen für Ihr Kontrollverhalten zu verstehen und anzugehen. Wenn Sie

erkennen, dass Ihr Verhalten auf eigene Ängste und Unsicherheiten zurückzuführen ist, zögern Sie nicht, auf professionelle Unterstützung zurückzugreifen.

Vertrauen in Beziehungen fördert eine gesunde Dynamik, die auf Respekt, Offenheit und individueller Entfaltung basiert. Kontrolle hingegen kann dazu führen, dass die Beziehung erdrückend und ungesund wird, da sie die Freiheit, das Wachstum und die positive Interaktion behindert.

Mit Ihrer terrorisierten besseren Hälfte im Dunklen in einem verbarrikadierten Haus festzusitzen war hoffentlich nie Ihr Idealbild einer gesunden Beziehung. Sorgen Sie also dafür, dass es gar nicht so weit kommt.

Kontrolle ist vielleicht manchmal gut, Vertrauen ist aber sicher immer besser.

ÜBUNG #44: FREIRÄUME UND QUALITÄTSZEIT

Das Gefühl, dem Partner oder der Partnerin ständig Rechenschaft darüber schuldig zu sein, was man macht, wo man hingeht und mit wem man sich trifft, kann langfristig sehr ermüdend sein. Je mehr Kontrolle Sie ausüben möchten, desto eingeengter wird sich Ihr Partner oder Ihre Partnerin fühlen. Eine gute Strategie, dies zu vermeiden, kann darin bestehen, zusammen individuelle Freiräume, aber auch gemeinsame Qualitätszeit festzulegen.

› Besprechen Sie mit Ihrem Partner oder Ihrer Partnerin, wie Sie beide regelmäßige Zeiträume für eigene Hobbys oder soziale

Kontakte reservieren können. Wenn Ihr Partner oder Ihre Partnerin Pläne hat, sollten Sie nicht zu Hause sitzen und auf seine oder ihre Rückkehr warten. Stattdessen sollten Sie alleine etwas unternehmen.

- Gleichzeitig sollten Sie regelmäßig Termine für Qualitätszeit festlegen. Die Zeit, die man gemeinsam verbringt, sollte nicht nur durch Alltag geprägt sein, sondern auch kleine Highlights beinhalten. Planen Sie also zum Beispiel regelmäßig eine »Date-Night«.

MYTHOS #45

LIEBE BRAUCHT KEINE WORTE

In einer guten Beziehung sollte Ihr*e Partner*in zu jedem Zeitpunkt wissen, was Sie denken und fühlen! Er oder sie sollte sich an alles erinnern können, was Sie je gesagt oder getan haben, und am besten sogar vorhersehen, was Sie als Nächstes denken werden. Ihr Partner oder Ihre Partnerin sollte jeden Satz, den Sie anfangen, zu Ende sprechen können und Ihnen jeden Wunsch von den Lippen ablesen.

Dazu passt die Geschichte »Fünfzig Jahre Höflichkeit«:

Ein älteres Ehepaar feierte nach langen Ehejahren das Fest der Goldenen Hochzeit. Beim gemeinsamen Frühstück dachte die Frau:

»Seit fünfzig Jahren habe ich immer auf meinen Mann Rücksicht genommen und ihm immer das knusprige Oberteil des Brötchens gegeben. Heute will ich mir endlich diese Delikatesse gönnen.«

Sie schmierte sich das Oberteil des Brötchens und gab das andere Teil ihrem Mann. Entgegen ihrer Erwartung war dieser hocherfreut, küsste ihre Hand und sagte: »Mein Liebling, du bereitest mir die größte Freude des Tages. Über 50 Jahre habe ich das Brötchen-Unterteil nicht mehr gegessen, das ich vom Brötchen am allerliebsten mag. Ich dachte mir immer, du solltest es haben, weil es dir so gut schmeckt.«

Aus: Der Kaufmann und der Papagei
(Peseschkian, 2008, S. 89).

Nach einer gewissen Zeit als Paar entwickeln wir ein intuitives Verständnis für die Gedanken und Gefühle unseres Partners oder unserer Partnerin, ohne dass alles immer ausdrücklich in Worten mitgeteilt werden muss. Dies schafft ein Gefühl von Sicherheit und Geborgenheit. Allerdings hat es manchmal Nachteile, wenn wir annehmen, uns gegenseitig blind zu verstehen. Partner*innen, die fest davon ausgehen, dass ihre bessere Hälfte stets weiß, was sie selbst denken oder fühlen, riskieren immer wieder, enttäuscht zu werden. Zu groß ist die Wahrscheinlichkeit, dass aneinander vorbeigeredet wird. Missverständnisse und Konflikte sind dann leider programmiert.

Kommunikation ist in einer Beziehung von entscheidender Bedeutung, da sie das Fundament für eine gesunde und erfolgreiche Partnerschaft bildet. Kommunikation meint hier nicht nur das Sprechen, sondern auch das Zuhören. Oftmals sind wir so darauf konzentriert, unsere eigenen Gedanken mitzuteilen, dass wir die Bedürfnisse und Ansichten des Partners oder der Partnerin übersehen. Aktives Zuhören, das Eingehen auf das Gegenüber und das Stellen von Fragen können dazu beitragen, Missverständnisse zu vermeiden.

Ein großer Teil der zwischenmenschlichen Kommunikation findet nonverbal statt und kann zum Beispiel über den Austausch von Aufmerksamkeit, Zuneigung, Zärtlichkeit, Unterstützung oder – warum nicht? – materiellen Geschenken erfolgen. Vieles von dem, was in einer Beziehung mitgeteilt und entschieden werden soll, bedarf dann allerdings doch des verbalen Ausdrucks, etwa indem Partner*innen sich regelmäßig Komplimente machen, Lob füreinander äußern und, auch für die kleinen Dinge, Dankbarkeit zeigen. Es ist entscheidend, diese Gesten wirklich auch auszusprechen. Je positiver und klarer die Kommunikation, desto zufriedener sind beide Partner*innen. Auf dieselbe Weise sollte in Beziehungen auch in Bezug auf weniger schöne Themen kommuniziert werden. Unerfüllte Bedürfnisse, Ängste und Sorgen sollten genauso offen an- und ausgesprochen werden können wie Lob und Liebesbekundungen.

Auch wenn Paare erleben, dass sie sich in vielerlei Hinsicht wortlos verstehen können, schadet es bestimmt nicht, auf Nummer sicher zu gehen und wichtige Überlegungen, Gefühle und Wünsche klar und deutlich auszudrücken.

- Vermeiden Sie es, vage oder missverständliche Aussagen zu machen. Wenn Sie sich darüber ärgern, dass Ihr Partner oder Ihre Partnerin Sie nicht versteht, stellen Sie sich bewusst die Frage, ob Sie Ihre Wünsche und Bedürfnisse auch wirklich klar genug ausgedrückt haben.
- Wählen Sie den richtigen Zeitpunkt für Gespräche. Schwierige Themen sollten nicht in hitzigen Momenten angesprochen werden.

- Seien Sie ehrlich und authentisch in Ihren Gesprächen. Sagen Sie die Wahrheit und verschweigen Sie keine wichtigen Informationen.
- Konzentrieren Sie sich darauf, Ihrem Partner oder Ihrer Partnerin aufmerksam zuzuhören, anstatt nur darauf zu warten, dass Sie reden können. Zeigen Sie Interesse an dem, was er oder sie sagt.
- Geben Sie sich Mühe, Ihrem Partner oder Ihrer Partnerin regelmäßig (täglich?) authentisches, positives Feedback zu geben. Bedanken Sie sich für die kleinen und großen Dinge, machen Sie Komplimente und sprechen Sie Lob aus. Drücken Sie Ihre Liebe und anderen positiven Gefühle ihr oder ihm gegenüber in Worten aus.

Anstatt aneinander vorbeizureden, sollten wir uns bewusst Zeit für offene und liebevolle Gespräche nehmen, um unsere Beziehung zu stärken und zu vertiefen.

Es wäre einfach zu schade, 50 Jahre lang umsonst auf die bevorzugte Seite des Brötchens verzichtet zu haben.

ÜBUNG #45: DAS PAARGESPRÄCH

Gespräche über Gefühle und wichtige Paarthemen sollten nicht zwischen Tür und Angel geführt werden. Da es im Alltag aber nicht immer so leicht ist, Zeit und Ruhe dafür zu finden, kann es sich anbieten, einen regelmäßigen Termin festzulegen, an dem die Partner*innen sich dann über wichtige Themen aussprechen.

- Vereinbaren Sie dafür einen festen Termin zu einem Zeitpunkt, an dem Sie beide ausgeruht sind und möglichst wenige Ablenkungen stattfinden. Legen Sie dafür Rhythmus und Dauer fest (etwa einmal die Woche, sonntagabends, 18 bis 19 Uhr).
- Bereiten Sie sich auf den Termin vor, indem Sie sich die Themenschwerpunkte überlegen, die Ihnen am wichtigsten erscheinen, und legen Sie zu Beginn des Gesprächs gemeinsam eine Tagesordnung fest. Sie können beispielsweise Bilanz über die vergangene Woche ziehen oder die nächste Woche gemeinsam planen. Sie können aber auch über längerfristige Pläne und Projekte sprechen oder ein generelles Gespräch über Bedürfnisse, Wünsche und Vorstellungen in Ihrer Beziehung führen.
- Vereinbaren Sie gemeinsam Regeln für die Kommunikation, um Missverständnisse zu vermeiden und Konflikte zu minimieren.
- Trennen Sie das Paargespräch von den Qualitätsmomenten, die Sie eventuell auch regelmäßig planen wollen (siehe Mythos #44). Beim Paargespräch sollte die Kommunikation im Mittelpunkt stehen.

MYTHOS #46

RECHT HAT, WER AM LAUTESTEN SCHREIT

Recht haben ist schon ein tolles Gefühl.
Wenn wir erfolgreich argumentieren oder belegen können, dass wir recht haben, fühlen wir uns klug und kompetent. Das kann richtig Spaß machen und uns ein Gefühl von Überlegenheit verleihen, insbesondere wenn es uns gelingt, unser Gegenüber von unserer Meinung zu überzeugen. Ob diese Sicherheit tatsächlich berechtigt ist, scheint dabei leider oft weniger bedeutend zu sein.

Studien zeigen, dass Menschen von Natur aus dazu neigen, Hypothesen nicht kritisch zu hinterfragen, sondern stattdessen dazu tendieren, nach Informationen zu suchen, die ihre bestehenden Überzeugungen bestätigen. Dieses Phänomen ist als »Confirmation-Bias« bekannt und sorgt auch in Beziehungen und Familien dafür, dass es uns schwerfällt, mit Meinungsverschiedenheiten umzugehen (Klayman, 1995). Wenn wir selektiv nach bestätigenden Informationen suchen und widersprüchliche Informationen ignorieren, kann ein übermäßiges Vertrauen in unsere eigenen verzerrten Überzeugungen entstehen.

Die objektive Realität wird allerdings immer durch einen individuellen Filter interpretiert, der durch Erziehung, Sozialisierung, Werte und Überzeugungen geprägt ist. Wir sehen die Dinge nie zu 100 Prozent objektiv, sondern immer nur aus unserer eigenen subjektiven Perspektive. Das bedeutet, dass unser Gegenüber die Situation, die wir für offensichtlich halten, berechtigterweise ganz anders wahrnehmen kann. Wenn zwei Menschen sich gegenüberstehen und beide nach rechts zeigen sollen, werden beide recht haben, obwohl sie in entgegengesetzte Richtungen zeigen.

Die Verarbeitung bestätigender Informationen benötigt weniger kognitive Anstrengung und ist angenehmer als die mühsame Analyse widersprüchlicher Informationen (Westen et al., 2006). So konnte gezeigt werden, dass bei Menschen, die erkennen, dass ihr Gegenüber eine andere Meinung vertritt, die Hirnaktivität im präfrontalen Kortex, also dem Bereich des Gehirns, der an der Verarbeitung von Informationen beteiligt ist, automatisch abnimmt. Stattdessen reagiert das Gehirn auf Informationen, die unseren Überzeugungen widersprechen, mit emotionalem Stress. Abweichende Meinungen werden also weniger detailliert verarbeitet und setzen uns unter Druck.

In Beziehungen und Familien kann der ständige Fokus auf das Recht-haben-Wollen nicht nur regelrechte Machtkämpfe auslösen, nicht selten verhärten sich die Fronten, eben weil es allen Beteiligten nur noch ums Gewinnen und Verlieren geht und nicht mehr darum, die Realität oder die Wahrnehmung der anderen Personen zu verstehen.

Rechthaberische Kommunikationsmuster treten auch im Kontext von »Mansplaining« auf. Dieser Begriff bezieht sich auf eine Verhaltensweise, bei der Männer dazu neigen, ihren Gesprächspartner*innen (meistens Frauen) Dinge zu erklären, von denen sie annehmen, dass sie diese nicht verstehen, obwohl sie möglicherweise über das notwendige Wissen oder die Erfahrung verfügen. Diese Erklärungen sind oft bevormundend und unterstellen, dass Frauen aufgrund ihres Geschlechts weniger Wissen oder Kompetenzen in einem bestimmten Bereich haben. Es ist wichtig zu betonen, dass nicht alle Männer Mansplaining betreiben, und das Phänomen ist auch nicht auf Männer beschränkt.

Auch wenn es durch den Confirmation-Bias menschliche, ja sogar neurologische Gründe dafür gibt, dass es uns schwerfallen kann, andere Meinungen und Sichtweisen anzunehmen, sollten wir versuchen, aus der Ich-muss-immer-recht-haben-Falle und dem Mansplaining auszubrechen oder gar nicht erst in sie hineinzugeraten.

› Begegnen Sie Ihrem Gegenüber mit Respekt und kommunizieren Sie auf Augenhöhe (auch im Gespräch mit Ihren Kindern). Versuchen Sie, Ihr Bedürfnis, recht zu haben und Ihr Gegenüber davon zu überzeugen, aktiv zu zügeln. Bleiben Sie ruhig und achten Sie auf Ihre Tonlage und Körpersprache.

- Unterdrücken Sie bewusst den Impuls, einfach »abzuschalten« oder bereits Ihre Gegenargumente vorzubereiten, wenn Sie glauben, dass die Erklärungen auf eine Meinung hinauslaufen, die Sie nicht teilen.
- Zeigen Sie stattdessen aufrichtiges Interesse an den Gedanken und Gefühlen Ihres Gegenübers, indem Sie aktiv zuhören. Stellen Sie offene Fragen, um mehr über seine Sichtweise zu erfahren.
- Drücken Sie sich in Ihrer Kommunikation empathisch aus. Sagen Sie zum Beispiel »Ich verstehe, wie du dich fühlst« oder »Ich kann nachvollziehen, warum du das denkst«. Dies zeigt Ihrem Gegenüber, dass Sie aktiv versuchen, sich in seine Lage zu versetzen.
- Versuchen Sie bewusst, die Perspektive Ihres Gegenübers einzunehmen, auch wenn Sie anderer Meinung sind. Stellen Sie sich vor, wie es wäre, in seiner Situation zu sein, und versuchen Sie, seine Gedanken zu verstehen, bevor Sie Ihre eigenen Gedanken ausdrücken. Dies kann einer Eskalation des Konflikts entgegenwirken.
- Wägen Sie ab, wie wichtig es Ihnen wirklich ist, in Bezug auf dieses Diskussionsthema auf Ihrem Recht zu beharren. Springen Sie bei weniger wichtigen Angelegenheiten auch mal über Ihren Schatten und geben Sie nach, wenn Sie denken, dass es Ihrer Beziehung guttun kann.

Die Fähigkeit zur Perspektivenübernahme ist ein wichtiger Bestandteil einer erfolgreichen Beziehung. Indem Sie sich bemühen, die Sichtweise Ihres Partners oder Ihrer Partnerin zu verstehen und Empathie zu zeigen, können Sie das Vertrauen und die Bindung in Ihrer Beziehung vertiefen.

Glauben Sie mir ruhig, dass ich recht habe. Oder auch nicht, das ist auch okay.

ÜBUNG #46: PERSPEKTIVENWECHSEL

Perspektivenübernahme ist ein wesentlicher Bestandteil zwischenmenschlicher Interaktion und ermöglicht uns, Empathie zu entwickeln, Konflikte zu lösen und Beziehungen zu stärken. Üben Sie, Situationen durch die Augen anderer Menschen zu betrachten. Denken Sie an eine Situation zurück, in der Sie wegen einer Meinungsverschiedenheit mit Ihrem Partner oder Ihrer Partnerin, Ihrem Kind oder einer anderen Person, die Ihnen wichtig ist, in Konflikt geraten sind. Versetzen Sie sich bewusst in die andere Person und beantworten Sie die folgenden Fragen, so als ob Sie in der Haut Ihres Gegenübers stecken würden:

- Wie würden Sie die Situation beschreiben?
- Wie vertreten Sie Ihren eigenen Standpunkt in Bezug auf die Meinungsverschiedenheit?
- Wie haben Sie Ihr Gegenüber (also sich selbst) in der Diskussion erlebt?
- Welche Gefühle hat dieser Konflikt in Ihnen ausgelöst?

- Was sollte geschehen, um den Konflikt zu lösen oder andere Konflikte in Zukunft zu vermeiden?
- Wie können Sie diese Perspektive mit Ihrer eigenen Sichtweise vereinbaren?

MYTHOS #47

IN EINER GLÜCKLICHEN FAMILIE WIRD NICHT GESTRITTEN

Als Rache dafür, dass die linke *Paw-Patrol*-Socke in der Waschmaschine verloren gegangen ist, spült Ihr Kleinster Ihre Steuererklärung die Toilette runter?
Ihre rebellierende Teenagerin will sich nicht durch Ihre guten Argumente davon abbringen lassen, sich einen Mittelfinger auf die Stirn tätowieren zu lassen?
Ihr Partner versteht Ihre subtile Botschaft nicht, wenn Sie ihm das dreckige Geschirr, das er wieder nicht abgeräumt hat, genervt aufs Kopfkissen legen?

In Beziehungen und Familien sind kleine und manchmal auch größere Streitangelegenheiten unvermeidlich. Eine gesunde Streitkultur lehrt Familienmitglieder, wie sie Konflikte auf respektvolle und sachliche Weise angehen und lösen können, anstatt sie zu unterdrücken oder eskalieren zu lassen. Wenn Familienmitglieder wissen, dass sie ihre Ansichten und Gefühle ohne Angst vor Ablehnung oder Bestrafung ausdrücken können, schafft dies eine Atmosphäre des Vertrauens und der Verbundenheit. Idealerweise sollten sich alle Familienmitglieder als Teil eines unterstützenden Teams sehen, das selbst bei Meinungsverschiedenheiten zusammenhält.

Wenn in der Familie ständig Spannungen herrschen, kann dies allerdings eine große Belastung für die Kinder darstellen. Eltern unterschätzen manchmal, wie viel ihre Kinder mitbekommen. Wenn die Eltern es jedoch schaffen, selbst in Konfliktsituationen weiterhin respektvoll miteinander umzugehen und gemeinsam nach Lösungen zu suchen, hat dies nicht nur weniger negative Auswirkungen auf das Wohlbefinden der Kinder, sondern kann im Gegenteil zur Entwicklung ihrer sozialen Kompetenzen beitragen. Wenn Kinder sehen, dass ihre Eltern gelegentliche Konflikte konstruktiv bewältigen und sich danach wieder versöhnen, wird Streit nicht als etwas Bedrohliches, sondern als natürlicher Bestandteil des Lebens wahrgenommen. Den Kindern wird dadurch vorgelebt, wie man offen kommuniziert, Kompromisse eingeht und Lösungen findet.

Die größte Herausforderung in Beziehungen und Familien ist dabei nicht, jeden Kampf zu gewinnen, sondern zu erkennen, wann es sich lohnt zu kämpfen und wann nicht. Anstatt ihre Energie auf unlösbare Probleme zu verschwenden, sind glückliche Paare bereit, gelegentlich ihre eigenen Erwartungen zurückzustellen. Dieses Verhalten wird als »resignative Reife« bezeichnet und als eine wesentliche Voraussetzung für erfolgreiche Beziehungen angesehen (Retzer, 2012).

Eine gesunde Streitkultur ist also entscheidend für die Förderung von Kommunikation, Verständnis und Harmonie.

Die folgenden Strategien können sich als hilfreich erweisen, um die Streitkultur positiv zu beeinflussen:

- Achten Sie darauf, respektvoll miteinander umzugehen. Vermeiden Sie abwertende oder beleidigende Bemerkungen. Denken Sie daran, dass Ihr Ziel zu keinem Moment sein sollte, eine andere Person zu verletzen, sondern ein Problem zu lösen.
- Respektieren Sie den Anspruch aller Beteiligten, ihre Sichtweise gleichberechtigt und ohne Unterbrechung durch die anderen vortragen zu dürfen.
- Wenn Sie Kritik äußern, tun Sie dies konstruktiv. Geben Sie konkrete Beispiele und schlagen Sie mögliche Lösungen vor, anstatt einfach nur zu kritisieren oder zu klagen. Verwenden Sie zum Beispiel »Ich«-Botschaften anstelle von »Du«-Botschaften. Anstatt zu sagen: »Du machst immer alles falsch«, können Sie sagen: »Ich fühle mich manchmal frustriert, wenn bestimmte Dinge passieren.«
- Niemand ist perfekt, und Fehler passieren. Bleiben Sie nicht an der Schuldfrage kleben. Akzeptieren Sie stattdessen, dass auch in Ihrer Familie Fehler gemacht werden, und versuchen Sie, Fehler als Gelegenheiten zur Verbesserung anzusehen.
- Wenn die Emotionen hochkochen, ist es in Ordnung, eine Pause einzulegen. Vereinbaren Sie aber immer, zu einem späteren Zeitpunkt, wenn sich jeder wieder beruhigt hat, auf das Gespräch zurückzukommen.
- Versuchen Sie, Paarkonflikte am besten nicht vor den Kindern auszutragen. Wenn dies doch mal passiert, sprechen

Sie mit Ihren Kindern darüber und erklären Sie, dass eine Auseinandersetzung nicht bedeutet, dass man sich nicht mehr liebt, und dass die Kinder keine Schuld an dem Streit der Eltern tragen.

- Als Eltern sollten Sie ein gutes Beispiel für eine gesunde Streitkultur geben. Kinder lernen viel durch Beobachtung. Streit kann aber sehr emotional sein, und trotz bester Absichten kann man sich im Eifer des Gefechts auch mal im Ton vergreifen. Wichtig ist, dies zu erkennen und sich dafür entschuldigen zu können. Kindern wird damit vorgelebt, für eigene Fehler Verantwortung zu übernehmen.

Denken Sie daran, dass Konflikte in Beziehungen und Familien normal sind. Wichtig ist nicht, sie zu vermeiden, sondern darauf zu achten, bestmöglich damit umzugehen.

ÜBUNG #47: AUFGABENTAUSCH

Es ist der Klassiker aller Streitthemen! In Beziehungen drehen sich viele Konflikte um ein Gefühl der Ungerechtigkeit in Bezug auf den Beitrag, den die Partner*innen zum Haushalt leisten. Diese Paarübung kann dabei helfen, einen anderen Blick auf das Thema zu erlangen:

- Erstellen Sie eine Liste all Ihrer Verantwortlichkeiten im Bereich der Haushaltsführung sowie der Ihres Partners oder Ihrer Partnerin. Bitten Sie Ihren Partner oder Ihre Partnerin, ebenfalls beide Listen anzufertigen.

- Vergleichen und besprechen Sie Ihre Listen! Gibt es Überraschungen? Finden Sie die Aufteilung fair?
- Planen Sie dann einen Tag (oder eine Woche), an dem Sie gegenseitig die Haushaltsaufgaben des anderen übernehmen.
- Ziehen Sie nach dieser Woche gemeinsam Bilanz. Finden Sie die Aufteilung immer noch fair?
- Vereinbaren Sie gegebenenfalls, welche Anpassungen Sie für die Zukunft vornehmen könnten.

MYTHOS #48

ELTERNSEIN IST EIN FULLTIME-JOB

Der Wecker klingelt um sechs. Sie wurden aber bereits um fünf geweckt, weil eins Ihrer Kinder sein Kuscheltier nicht finden konnte. Nach dem morgendlichen Ringkampf, um alle Sprösslinge in ihre Kleider zu zwängen, liefern Sie Ihren Nachwuchs in letzter Minute in der Kita/Schule ab. Sie sind gerade gestresst auf der Arbeit angekommen, als Sie zurückgepfiffen werden: Eins Ihrer Kinder hat Fieber! Sie melden sich selbst krank und verbringen den Tag damit, Ihr quengelndes Kind zu unterhalten. Abends liefern Sie sich ermüdende Schlachten an den Fronten »Zimmer aufräumen«, »Gemüse essen« und »Zähne putzen« und verbringen Stunden damit, alle ins Bett zu bekommen, wofür 15 Geschichten, 10-mal Wasser trinken und 20 Umarmungen notwendig sind ... Ein ganz normaler Tag für Eltern?

Kein Wunder, dass bei vielen Eltern der Eindruck besteht, dass das ganze Leben sich nur noch um die Erziehung, Versorgung und Bespaßung des Nachwuchses dreht. Auch gesellschaftlich wird schließlich erwartet, die Bedürfnisse der Kinder über alles andere zu stellen.

Am Ende des Tages sind Eltern aber nun mal nicht NUR Eltern! Sie sind Frauen, Männer, Partner*innen, Freund*innen und Arbeitskolleg*innen und haben eigene Wünsche, Ziele, Pläne, Leidenschaften und Hobbys. Eltern, die sich nicht ausschließlich über ihre Elternrolle definieren, sind nicht automatisch Rabeneltern! Im Gegenteil, Eltern, die sich auch um ihre eigenen Bedürfnisse kümmern, sind oft besser darin, Geduld zu bewahren, und reagieren aufmerksamer auf die Bedürfnisse ihrer Kinder. Zudem sind Eltern wichtige Vorbilder. Wenn Kinder erleben, dass ihre Eltern dafür sorgen, dass es ihnen selbst gut geht, lernen sie, dass es wichtig ist, bewusst auf die eigenen Bedürfnisse zu achten.

Alles schön und gut, aber wie sollen Sie das hinbekommen, wenn Sie an jedem Bein ein schreiendes Kind hängen haben, der Haushalt bereits liegen bleibt und Sie jeden Abend erschöpft vor dem Fernseher einnicken? Ressourcen außerhalb der Familie zu pflegen kostet Zeit und Energie. Um diese freizuschaufeln, sind eventuell Abstriche an anderer Stelle notwendig. Die folgenden Strategien können dabei für Eltern hilfreich sein:

- Evaluieren Sie regelmäßig, welche Aktivitäten wirklich wichtig sind. Ist es zum Beispiel erforderlich, immer selbst zu kochen? Können Restaurantbesuche oder Lieferdienste entlasten? Wäre eine Haushaltshilfe finanziell tragbar? Können unnötige Verpflichtungen und Termine reduziert werden? Müssen die Kinder wirklich in zwei Dutzend Sport- und Freizeitaktivitäten eingeschrieben werden?

- Suchen Sie nach kurzen ritualisierten Momenten im Alltag, in denen Sie sich eine Pause von Ihrer Elternrolle erlauben können. Dies kann beispielsweise die Viertelstunde sein, die Sie morgens nur für sich selbst haben, um in Ruhe Kaffee zu trinken, bevor Sie den Rest der Familie wecken. Oder Ihr Arbeitsweg, den Sie bewusst nutzen, um Podcasts, neue Musikalben oder Hörbücher zu hören oder mit Freund*innen zu telefonieren.
- Blockieren Sie regelmäßig Zeit in Ihrem Terminkalender, die nur für Aktivitäten genutzt werden darf, die nichts mit Ihrer Elternrolle zu tun haben. Sprechen Sie sich hierfür mit Ihrem Partner oder Ihrer Partnerin ab und wechseln Sie sich ab. Zögern Sie auch nicht, Hilfe von Familie und Freund*innen oder Babysitterangebote anzunehmen, um sich selbst oder Ihrer Paarbeziehung eine Auszeit von der Familie zu erlauben.
- Versuchen Sie mehr quality time mit Ihren Kindern zu verbringen, in der Sie zugewandt und aufmerksam sind und nicht gedanklich Ihre Einkaufsliste erstellen oder auf Ihrem Handy rumspielen. Manchmal ist weniger mehr. Wenn Kinder sich dem aufrichtigen Interesse Ihrer Eltern bewusst sind, kann es sein, dass sie insgesamt weniger Aufmerksamkeit einfordern.
- Versuchen Sie, Situationen, die Sie in Ihrer Elternrolle belasten, nerven oder langweilen, so zu verändern, dass sie angenehmer werden. Gehen Sie weitere Strecken mit dem Kinderwagen spazieren oder nehmen Sie sich ein gutes Buch mit zum Spielplatz. Planen Sie regelmäßig »Play-

dates« mit anderen Eltern, um auch mal wieder einen Erwachsenen zu sehen. Sollten Sie keine anderen Eltern kennen, besuchen Sie Veranstaltungen, die für Eltern und ihre Kinder angeboten werden, um neue Bekanntschaften zu knüpfen.

- Wenn bestimmte Aktivitäten oder Spiele Ihnen überhaupt nicht zusagen, müssen Sie sich nicht immer dazu zwingen. Vielleicht können diese anderen Familienangehörigen überlassen werden. Machen Sie Ihrem Kind Vorschläge für Aktivitäten, die Ihnen beiden gefallen. Wenn Sie das tun, was auch Ihnen selbst Freude bereitet, können Sie aufmerksamer und authentisch bleiben.
- Sagen Sie Ihren Kindern gegenüber auch mal Nein (wenn es sich nicht gerade um einen Notfall handelt). Selbst kleine Kinder können lernen, dass ihre Eltern nicht auf Abruf bereitstehen müssen. Erklären Sie zum Beispiel, dass Sie nur kurz Ihre Seite im Buch fertig lesen wollen, bevor Sie sich Ihrem Kind voll und ganz widmen werden.

In einem sind die meisten Eltern sich einig: Es gibt kaum eine schönere und erfüllendere Aufgabe als die Elternrolle! Um diesen Job aber mit Freude, Ausdauer und Hingabe ausführen zu können, benötigen Eltern Ausgeglichenheit. Kinder brauchen keine perfekten Eltern, die sich für sie aufopfern. Stattdessen brauchen sie liebevolle Eltern, denen es gut geht.

ÜBUNG #48: DAS ROLLENPROFIL

Manchmal kann ein Lebensbereich so viel Raum in unserem Leben einnehmen, dass wir bewusst oder unbewusst alles andere dafür zurückstellen. Unser Selbstbild kann sich in diesem Fall auf eine einzige Rolle reduzieren.

Um den Blickwinkel wieder zu vergrößern und uns der verschiedenen Rollen, die wir im Leben einnehmen, wieder bewusst zu werden, kann sich diese Übung anbieten.

1. Erstellen Sie zunächst eine Liste mit sämtlichen Rollen, die Sie im Leben ausfüllen. Zum Beispiel: Tochter oder Sohn Ihrer Eltern, Schwester oder Bruder Ihrer Geschwister, Partner oder Partnerin für Ihren Partner oder Ihre Partnerin, Mutter oder Vater Ihrer Kinder, Freund*in für Ihre Freund*innen, Kolleg*in für Ihre Kolleg*innen. Weitere Beispiele sind Ihr Titel oder Ihre Berufsbezeichnung oder Rollen, die Ihnen durch eine Leidenschaft, ein Hobby, Ihr Fachwissen oder ein Engagement zugefallen sind.
2. Suchen Sie sich die Rollen heraus, die Ihnen am meisten bedeuten, und gewichten Sie in Prozent, wie viel sie jeweils von Ihrem Selbstbild ausmachen (insgesamt dürfen Sie natürlich auf nicht mehr als 100 Prozent kommen).
3. Erstellen Sie ein Tortendiagramm, in das Sie die einzelnen Rollen eintragen. Die Größe der jeweiligen Tortenstücke sollte dem Prozentanteil am Selbstbild entsprechen.

Ein Beispiel könnte so aussehen:

Mutter (Mu):	33 %
Partnerin (Pa):	25 %
Mathelehrerin (ML):	18 %
Motorradfahrerin (MF):	5 %
Gute Freundin (GF):	9 %
Nachtschwärmerin (NS):	5 %
Tennisspielerin (TS):	5 %

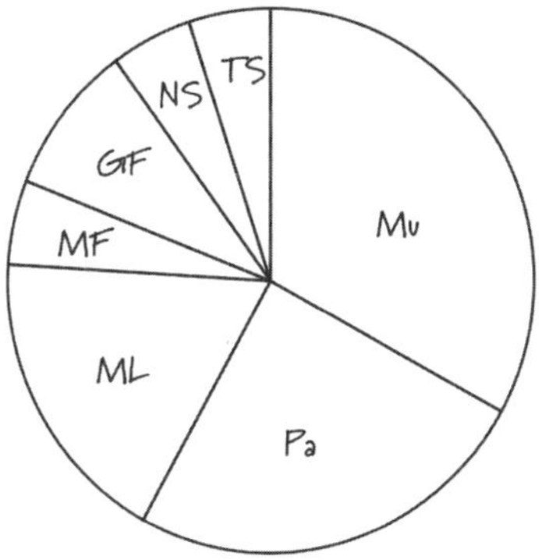

Zu welcher Schlussfolgerung kommen Sie beim Anblick dieses Diagramms? Entspricht diese Aufteilung der aktuellen Realität? Falls nicht, was könnten Sie verändern?

MYTHOS #49

STRAFE MUSS SEIN

Sie sind das Wichtigste in Ihrem Leben, und gleichzeitig treiben sie Sie regelmäßig zur Weißglut? Sie könnten niemals ohne sie sein und wollen sie doch manchmal dahin schicken, wo der Pfeffer wächst? Sie wollen Ihre Kinder mit Liebe und Wertschätzung erziehen und greifen doch auf Bestrafung zurück?

Obwohl der autoritäre Erziehungsstil, der auf Züchtigung durch Einschüchterung aufbaut, längst als überholt gilt, hält er sich in manchen Familien seit Generationen hartnäckig. Dabei gilt die Devise, dass Erziehung nun mal eine Sache von Gehorsam darstellt und dieser nur mit Bestrafung erzielt werden kann. Auch der gelegentliche Klaps auf den Hintern oder die Ohrfeige, die (angeblich) »ja noch niemandem geschadet« hat, werden dabei mancherorts noch als legitime Erziehungsmethoden akzeptiert. Dabei kann nicht oft genug wiederholt werden, dass körperliche Züchtigung nicht nur falsch, sondern auch gesetzlich verboten ist (ja, das gilt tatsächlich auch für den Klaps und die Ohrfeige)!

Viele Eltern verhängen Strafen, weil sie sich über das Verhalten des Kindes ärgern und wütend sind. Manchmal kann dies auch aus Überforderung, Verletztheit und möglicherweise sogar aus Rache passieren. Diese Beweggründe sind menschlich, bilden jedoch keine Grundlage für eine erfolgreiche Erziehung.

Bestrafungen können tatsächlich das genaue Gegenteil von dem bewirken, was Eltern eigentlich beabsichtigen. Wenn Strafen als zu streng oder ungerecht empfunden werden, lehnen Kinder sich auf und verstoßen nur noch mit mehr Fleiß gegen die Regeln. Zudem können sich Kinder an Strafen gewöhnen und diese hinnehmen, ohne dass sie abgeschreckt werden. In dem Fall verhalten sie sich nur kurzfristig angepasst, verstoßen aber weiterhin gegen die Regeln, wenn sie glauben, nicht erwischt zu werden. Um ihre Wirkung auf das Angstsystem aufrechtzuerhalten, müssten Strafen – neurologisch gesehen – immer härter und bedrohlicher werden, wodurch Erziehende schnell in einer Sackgasse landen (Roth, 2008).

Körperliche Bestrafung und harte disziplinarische Maßnahmen sind zudem mit negativen Auswirkungen in der Kindesentwicklung verbunden. Kinder, die autoritär erzogen wurden, verhalten sich später oft ängstlich und überangepasst oder neigen selbst zu Gewalt. So konnte etwa ein Zusammenhang zwischen körperlicher Bestrafung und Aggressivität, antisozialem Verhalten und Depression belegt werden (Gershoff, 2002).

Moderne Erziehungsansätze, welche darauf abzielen, Kindern Fähigkeiten zur Selbstregulierung und Verantwortungsübernahme beizubringen, zeigen dagegen eine höhere Wirksamkeit. Kinder, die in einer weniger autoritären, liebevollen und unterstützenden Umgebung aufwachsen, sind tendenziell besser angepasst, entwickeln höhere soziale Kompetenzen und haben eine bessere psychische Gesundheit (National Scientific Council on the Developing Child, 2004).

Dies bedeutet nicht, dass es in der Erziehung keine Grenzen geben sollte. Auch Strafen wie Fernseh-, Internet- oder Handyverbote, Taschengeldkürzungen oder Hausarrest können manchmal angebracht sein. Grenzen und Regeln sind wichtig, aber sie sollten auf eine respektvolle Weise gesetzt werden:

- Regeln sollten nicht willkürlich festgelegt, sondern ihre zugrunde liegenden Werte und Prinzipien erklärt werden.
- Wenn möglich sollten Regeln sowie angemessene Konsequenzen bei Verstößen von Eltern und Kindern zusammen festgelegt werden.
- Wenige klare Regeln sind besser als viele, die nur noch schwer zu überblicken sind.
- Aufgestellte Regeln sollten verbindlich sein und angekündigte Konsequenzen bei Verstößen zeitnah erfolgen.
- Mindestens ebenso wichtig wie konsequentes Handeln bei Verstößen ist die Anerkennung positiver Verhaltensweisen sowie gelegentliches Lob und Belohnungen für die Einhaltung von Regeln.
- Eltern sollten immer versuchen, die Gründe zu verstehen, die dem störenden Verhalten zugrunde liegen.

- Unerwünschtes Verhalten kann manchmal abnehmen, wenn es ignoriert und stattdessen positives Verhalten verstärkt wird. Dies kann sinnvoll sein, wenn mit Regelverstößen Aufmerksamkeit gesucht wird.
- Eine pädagogisch wertvolle Konsequenz besteht darin, dass Kinder den von ihnen verursachten Schaden wiedergutmachen sollen. Dies kann zum Beispiel bedeuten, dass das Kind beschädigte Dinge repariert, ersetzt oder sich für sein Verhalten entschuldigt. Dem Kind wird so ermöglicht, Verantwortung für sein Handeln zu übernehmen und sich auf positive Weise zu verhalten.
- Ganz verzichtet werden sollte immer auf jegliche Form von körperlicher und emotionaler Gewalt, wie Liebesentzug, Vernachlässigung, Einsperren, Bloßstellung oder Demütigung.

Insgesamt ist die Vorstellung, dass Erziehung nicht ohne harte Bestrafung geht, also ein überholtes Konzept. Natürlich sollen Sie jetzt nicht alle Regeln über Bord werfen und Ihre Kinder zu verwöhnten Gören oder rücksichtslosen Psychopathen heranwachsen lassen! Die wichtige Frage am Ende des Tages bleibt aber: Was wirkt am besten? Moderne Erziehungsansätze, die auf Kommunikation, Verständnis und Respekt basieren, sind nachweisbar nicht nur förderlicher für die gesunde Entwicklung der Kinder, sondern ganz einfach auch effektiver.

ÜBUNG #49: ZWEI HOCHSITZE

Die folgende Übung kann sich anbieten, wenn Sie Kinder haben und Ihren Umgang mit ihnen in Straf- und Kritiksituationen reflektieren wollen. Sie können die Übung aber auch für sich nutzen, um den inneren Kritiker oder die innere Kritikerin in Ihnen selbst mal kritisch zu hinterfragen.

- Denken Sie an eine gerade erst zurückliegende Situation, in der Sie entweder Ihrem Kind gegenüber streng oder strafend aufgetreten sind oder sehr kritisch mit sich selbst / Ihrem inneren Kind gegenüber waren.
- Stellen Sie sich vor, wie Sie auf einem Hochsitz Platz nehmen, von dem aus Sie die Situation, in der Ihr (inneres) Kind etwas »schlecht gemacht« hat, gut überblicken können.
- Stellen Sie sich vor, wie Sie ungeduldig oder wütend werden und wie Sie zu Ihrem (inneren) Kind kritische, abwertende oder strafende Kommentare hinunterschreien. Nehmen Sie dabei kein Blatt vor den Mund.
- Stellen Sie sich dann vor, wie Sie auf einem zweiten, höheren Hochsitz Platz nehmen, von dem aus Sie nicht nur die Situation, sondern auch Ihre eigene kritische Reaktion auf dem ersten Hochsitz beobachten können. Analysieren Sie mit Distanz Ihr eigenes Kritiker*innenverhalten und die Reaktionen, welche es in Ihrem (inneren) Kind auslöst.
- Stellen Sie sich vor, wie Sie Ihrem inneren Kritiker oder Ihrer inneren Kritikerin auf dem ersten Hochsitz von Ihrer Position auf dem zweiten Hochsitz aus etwas zurufen. Vielleicht könnten Sie ihn bzw. sie darauf aufmerksam machen, dass das (innere) Kind

sich von seinem bzw. ihrem Verhalten eingeschüchtert oder abgewertet fühlt und dass dies ihm nicht dabei helfen wird, schwierige Situationen in Zukunft besser zu meistern.

- Stellen Sie sich dann vor, wie der Kritiker oder die Kritikerin in Ihnen das Feedback aufnimmt, und versuchen Sie aus der ersten Hochsitzposition heraus, eine neue, weniger kritische und konstruktivere Botschaft an Ihr (inneres) Kind zu richten.
- Versetzen Sie sich in die Rolle des (inneren) Kindes. Merken Sie einen Unterschied?

MYTHOS #50

FREUNDSCHAFT HÄLT EIN LEBEN LANG

Asterix und Obelix, Winnetou und Old Shatterhand, Ernie und Bert oder auch noch Rachel, Monica, Phoebe, Chandler, Joey und Ross – die Popkultur vermittelt uns ein Verständnis von Freundschaft, das sich durch Unerschütterlichkeit und Langlebigkeit auszeichnet. Wie die Comedian Harmonists bereits wussten, ist ein guter Freund nicht nur »das Beste, was es gibt auf der Welt«, er bleibt auch noch Freund, »wenn die ganze Welt zusammenfällt«!

Fragt man, was im Leben als besonders wichtig und erstrebenswert angesehen wird, dann stehen bei der Mehrheit enge soziale Beziehungen an allererster Stelle, sogar vor Familie und Partnerschaft (IfD Allensbach, 2023).

Gute Freundschaften reduzieren das Risiko von Depressionen, Stress und sozialer Isolation und stärken das Selbstwertgefühl. Es wurde nachgewiesen, dass soziale Beziehungen und Freundschaften positive Auswirkungen auf unsere Zufriedenheit und unsere Gesundheit haben und sogar die Lebenserwartung erhöhen (Holt-Lunstad et al., 2010). Forscher*innen haben zudem festgestellt, dass Personen, die in

Prüfungssituationen von Freund*innen begleitet wurden, eine geringere Freisetzung von Stresshormonen aufwiesen. Es wird angenommen, dass das Bindungshormon Oxytocin, welches in Gegenwart von vertrauten Personen ausgeschüttet wird, für diese Wirkung verantwortlich ist (Heinrichs et al., 2003).

Insgesamt sind Freundschaften wichtige Ressourcen, die uns emotional, sozial und persönlich bereichern und dazu beitragen, dass wir uns glücklicher und gesünder fühlen. Dabei ist es keine Selbstverständlichkeit, dass Freundschaften ein Leben lang halten. Interessen, Lebensstile und Prioritäten können sich über die Zeit in verschiedene Richtungen entwickeln. Oft sind es jedoch ganz banale Dinge wie Zeitmanagement oder räumliche Distanz, die es schwer machen, Freundschaften aufrechtzuerhalten. Manchmal kann dies sehr mühsam sein, vor allem wenn wir uns bereits energielos fühlen. Gerade dann sollten wir nicht an dieser Stelle sparen. Denn die Energie, die in die Pflege guter Freundschaften fließt, erweist sich in der Regel als rentable Investition. Achten Sie also darauf, dass Sie Ihre wichtigsten sozialen Beziehungen ausreichend pflegen, so wie die Blumen, die Sie immer wieder und mit viel Zuneigung gießen.

- Bleiben Sie in regelmäßigem Kontakt mit Ihren Freund*innen und nutzen Sie dafür alle zur Verfügung stehenden Kommunikationskanäle (Telefonate, SMS, Chatprogramme, Videoanrufe, soziale Medien, E-Mails und – ja, wieso nicht? – auch mal eine handgeschriebene Notiz oder vielleicht sogar eine Postkarte oder einen Brief).

- Melden Sie sich spontan oder nutzen Sie dafür gezielt Anlässe, wie Geburtstage oder Feiertage. Berufliche oder private Erfolge bieten sich an, um zu gratulieren. Interessante Artikel, Buchempfehlungen, lustige Memes oder Erinnerungsfotos an schöne gemeinsame Momente können ebenfalls als Aufhänger für Kontakte dienen.
- Unternehmen Sie gemeinsame Aktivitäten, die Ihnen Freude bereiten. Ob es sich um Hobbys, Sport, Reisen oder kulturelle Veranstaltungen handelt, Erlebnisse schaffen gemeinsame Erinnerungen und schweißen zusammen.
- Ergreifen Sie selbst die Initiative und schlagen Sie Termine vor, anstatt nur darauf zu warten, dass Ihre Freund*innen dies tun. Auch wenn Sie das Gefühl haben, dass dies öfter an Ihnen hängen bleibt, lohnt es sich in den meisten Fällen, über den eigenen Schatten zu springen.
- Vielleicht können Sie Energie, die das Planen von Terminen in Anspruch nimmt, sparen, indem Sie regelmäßige Termine für Treffen mit Ihren Freund*innen vorschlagen. Führen Sie Traditionen ein, halten Sie gemeinsam einen Tag fest, den Sie wöchentlich, monatlich oder jährlich blockieren, oder gewöhnen Sie sich an, nach jedem Treffen sofort ein neues Datum festzulegen.
- Bleiben Sie dennoch zeitlich so flexibel wie möglich und seien Sie offen für spontane Vorschläge.
- Hören Sie Ihren Freund*innen aktiv zu und zeigen Sie Interesse an ihnen. Stellen Sie Fragen und ermutigen Sie sie, über ihre Sorgen und Freuden zu sprechen.
- Bieten Sie Ihre Hilfe und Unterstützung an.

- Seien Sie ehrlich und offen in Ihrer Kommunikation.
- Zeigen Sie Dankbarkeit für die positiven Einflüsse, die Ihre Freund*innen auf Ihr Leben haben.
- Achten Sie auf die Privatsphäre Ihrer Freund*innen und respektieren Sie deren Grenzen.
- Jeder macht Fehler, auch in Freundschaften können Konflikte auftreten. Seien Sie bereit zu vergeben.
- Gelegentliche Überraschungen oder kleine Gesten der Wertschätzung können dazu beitragen, Freundschaften aufzufrischen und zu vertiefen.

Die Pflege von Freundschaften erfordert Zeit, Aufmerksamkeit und Engagement, aber sie kann unglaublich lohnend sein.

»Ein Freund, ein glücklicher Freund, das ist doch der größte Schatz, den's gibt.«

ÜBUNG #50: DER BEZIEHUNGSMANAGER

Der Begriff »Customer Relationship Management« (CRM) bezieht sich auf Systeme oder Tools, die der Pflege geschäftlicher Beziehungen dienen. Selbstverständlich sind gute Freundschaften etwas anderes als Kund*innenbeziehungen! Was in der Geschäftswelt funktioniert, können wir uns aber auch privat zunutze machen. Wenn Sie also merken, dass Ihnen die Pflege von Sozialkontakten schwerfällt, erstellen Sie sich Ihren eigenen Beziehungsmanager:

- Behalten Sie den Überblick über Ihre wichtigsten sozialen Kontakte. Erstellen Sie dafür eine eigene Kontaktliste in Ihrem

Handy oder Ihrem Terminkalender. Oder schauen Sie sich eventuell auch CRM-Apps an, die es mittlerweile als Versionen für den privaten Bereich gibt.

- Speichern Sie wichtige Informationen wie Geburtstage ab und stellen Sie eine automatische Erinnerung, etwa auf Ihrem Mobiltelefon oder Computer, ein.
- Notieren Sie, wann Sie Ihre Freund*innen zuletzt gesehen haben, und lassen Sie sich daran erinnern, wenn bereits wieder zu viel Zeit vergangen ist.
- Notieren Sie eventuell auch, welche Aktivitäten oder Gesprächsthemen Ihnen bei den letzten Treffen besonders gut gefallen haben, damit Sie beim nächsten Mal daran anknüpfen können.

Sicher ist, dass nichts sicher ist. Selbst das nicht.

– Joachim Ringelnatz

NACHWORT

Wenn Sie nicht gerade zu den Menschen gehören, die als Erstes die letzte Seite in einem Buch lesen, dann herzlichen Glückwunsch! Sie haben sich erfolgreich durch 50 Kapitel und 50 Mythen durchgearbeitet![1]

Vielleicht (hoffentlich!) haben Sie bei manchem Kapitel einen Aha-Moment erlebt und werden sich ab jetzt von dem einen oder anderen Glaubenssatz weniger in die Lebensqualität pfuschen lassen. Eventuell haben Sie aber auch gedacht, dass an dem einen oder anderen sogenannten Mythos eigentlich doch etwas dran sein könnte. Es lässt sich nicht bestreiten, dass manchen Mythen gewisse Wahrheiten zugrunde liegen: Erfolg kann glücklich machen. Es kann Sinn ergeben, nach seinen Werten leben zu wollen oder sich zu sorgen, wenn Grund zur Sorge besteht. Optimismus kann zielführend sein, und ja, es gibt Paare, die sich wortlos verstehen.

Der Teufel liegt – und auch hier steckt ein Funken Wahrheit in einem Mythos – wie immer im Detail. Viele der Mythen, die wir im Laufe unserer Erziehung und Sozialisierung verinnerlicht haben, wurden als generalisierte Glaubenssätze und Regeln abgespeichert, die keinen Spielraum für Interpretation zulassen. Nicht der Satz »Es ist sinnvoll, sich für die

1 Sollten Sie tatsächlich zu den Menschen gehören, die nicht mit der ersten Seite anfangen, dann ebenfalls herzlichen Glückwunsch! Sie haben gerade eine geläufige Annahme (»Ein Buch muss chronologisch gelesen werden«) als Mythos entlarvt!

Aktualität zu interessieren« macht uns Druck, sondern die absolute Formulierung »Ich darf nichts verpassen!«. Auch wenn es uns leichtfallen kann, bestimmte Annahmen auf den ersten Blick als Mythos zu entlarven, so können wir dennoch unbewusst davon beeinflusst werden. Natürlich wissen wir, dass Stress nicht immer leistungsförderlich ist, und doch setzen wir uns instinktiv weiter unter Druck, auch wenn unsere Leistung bereits abnimmt.

Es geht nicht darum, ob ein Mythos wahr oder falsch ist, sondern um die Wahrheit in der Mitte – in diesem Sinne ist also tatsächlich nichts schwarz oder weiß (vgl. Mythos #31).

Betrachten Sie dieses Buch als Nachschlagewerk, in dem Sie die Regeln und Glaubenssätze, die unser Leben bestimmen, immer wieder mal einem Faktencheck unterziehen können. Achten Sie dabei darauf, absolute Formulierungen regelmäßig aufzulockern, und glauben Sie nicht mehr blind an Märchen, Fabeln, Gerüchte, Verschwörungstheorien, alternative Fakten, Halbwahrheiten und Mythen.

Die Übungen am Ende der Kapitel sind zum größten Teil verschiedenen psychotherapeutischen Ansätzen entliehen. Sie sollen dabei helfen, andere Blickwinkel einzunehmen und festgefahrene Glaubenssätze zu hinterfragen. Natürlich ersetzen einzelne Übungen keine richtige Therapie. Sollten Sie merken, dass Ihre Lebensqualität abgenommen hat, zögern Sie nicht, auf professionelle Hilfe zurückzugreifen.

DANKSAGUNG

Ich möchte mich beim dtv-Verlag für das Vertrauen bedanken. Vor allem gilt mein Dank Frau Katharina Festner, die mich mit viel Charme davon überzeugen konnte, meine Autorenkarriere doch noch einmal vom Nagel zu nehmen, sowie Frau Charlyne Bieniek und Frau Victoria Steiner für die professionelle und herzliche Begleitung und den bereichernden Austausch.

Ein großes Dankeschön geht weiterhin an meine Arbeitskolleg*innen und Bekannten, die ich über das letzte Jahr immer wieder mit Diskussionen über Mythen behelligte und die mir trotzdem mit Austausch und Unterstützung zur Seite standen: Aka Bamberger, Anna-Marie Härdtle, Christian Thiel, Anouk Hinger, Martine Hoffmann, Vibeke Walter, Mélanie Schons, Sylv Lettal und alle anderen.

Der größte Dank gehört schließlich meiner Frau Laure für ihre Geduld und meinen Kindern, die mich immer wieder dazu einladen, die Welt durch ihre Augen zu betrachten.

LITERATUR

American Psychological Association/APA (2014). *The Road to Resilience.* URL: http://www.apa.org/helpcenter/road-resilience.aspx (Abrufdatum 23.11.2023).

Anderson, C.; Kraus, M.W.; Galinsky, A.D.; Keltner, D. (2012). The local-ladder effect: social status and subjective well-being. *Psychol. Sci. 23*, 764–771.

Antonovsky, A. (1979). *Health, stress, and coping.* Jossey-Bass.

Bartels, K. & Huber, L. (1986). *Veni, vidi, vici. Geflügelte Worte aus dem Griechischen und Lateinischen.* Artemis.

Berking, M. (2017). *Training emotionaler Kompetenzen*, 4. Aufl. Springer.

Bohne, M. (2022). *Psychotherapie und Coaching mit PEP: Prozess- und Embodimentfokussierte Psychologie in der Praxis.* Carl-Auer.

Bohne, M. (2022). *Bitte klopfen! Anleitung zur emotionalen Selbsthilfe.* 8. Aufl. Carl-Auer.

Bookwala, J. & Gaugler, T. (2020). Relationship quality and 5-year mortality risk. *Health Psychology, 39(8)*, 633–641.

Brehm, J.W. (1966). *A theory of psychological reactance.* Academic Press.

Brickman, P.; Coates, D.; Janoff-Bulman, R. (1978). Lottery winners and accident victims: Is happiness relative? *Journal of Personality and Social Psychology, 36(8)*, 917–927.

Burch, N. (1970). *Four stages of competence.* Gordon Training International.

Cirillo, F. (2018). *The Pomodoro Technique: The life-changing time-management system.* Virgin Books.

Deutsche Hauptstelle für Suchtfragen/DHS (2023). *Empfehlungen zum Umgang mit Alkohol.* URL: https://www.dhs.de/fileadmin/user_upload/WK_der_DHS_-_Empfehlungen_zum_Umgang_mit_Alkohol.pdf (Abrufdatum: 23.11.2023).

Deutsche Hauptstelle für Suchtfragen/DHS (2013). *Medikamenteneinnahme: Risiken vermeiden – 4-K-Regel.* URL: https://www.dhs.de/fileadmin/user_upload/pdf/Broschueren/4-K-Regel.pdf (Abrufdatum: 23.11.2023).

De Visser, R.O. & Nicholls, J. (2020). Temporary abstinence during Dry January: predictors of success; impact on well-being and self-efficacy. *Psychology & Health, 35(11)*, 1293–1305.

Dolan, Y. (2009). *Schritt für Schritt zur Freude zurück: Das Leben nach traumatischen Erfahrungen meistern.* Carl-Auer.

El Ouassil, S. (2023). *Einfach Glückskinder?* URL: https://www.spiegel.de/kultur/lucky-girl-syndrome-einfach-glueckskinder-kolumne-a-329b5ece-db57-421b-aa47-07975b6a4fc4 (Abrufdatum: 23.11.2023).

ESEMeD/MHEDEA 2000 Investigators (2004). Prevalence of mental disorders in Europe: results from the European Study of the Epidemiology of Mental Disorders (ESEMeD) project. *Acta Psychiatrica Scandinavica, 109 (suppl. 1)*, 21–27.

Eysenck, M.W. (1990). *Happiness: Facts and Myths.* Psychology Press.

Freud, S. (1914). Zur Geschichte der psychoanalytischen Bewegung. *Jahrbuch für psychoanalytische und psychopathologische Forschung* 6, 207–260.

Gershoff, E.T. (2002). Corporal punishment by parents and associated child behaviors and experiences: A meta-analytic and theoretical review. *Psychological Bulletin 128*, 539–579.

Gharaibeh, N.M. (2005). The psychiatrist's image in commercially available American movies. *Acta Psychiatrica Scandinavica, 111*, 316–319.

Gottman, J.M. (1994). *What predicts divorce? The relationship between marital processes and marital outcomes.* Lawrence Erlbaum Associates, Inc.

Gupta, M. & Sharma, A. (2021). Fear of missing out: A brief overview of origin, theoretical underpinnings and relationship with mental health. *World J Clin Cases, 9(19)*, 4881–4889.

Harris, R. (2019). *ACT made simple.* 2. Aufl. New Harbinger.

Heinrichs, M.; Baumgartner, T.; Kirschbaum, C.; Ehlert, U. (2003). Social support and oxytocin interact to suppress cortisol and subjective responses to psychosocial stress. *Biol Psychiatry, 54(12)*, 1389–1398.

Holt-Lunstad, J.; Smith, T.B.; Layton, J.B. (2010). Social relationships and mortality risk: a meta-analytic review. *PLoS Med, 7(7)*: e1000316.

Horwitz, T.B.; Balbona, J.V.; Paulich, K.N. et al. (2023). Evidence of correlations between human partners based on systematic reviews and meta-analyses of 22 traits and UK Biobank analysis of 133 traits. *Nat Hum Behav 7*, 1568–1583.

Howells, K. & Lucassen, M. (2018). ›Post-Olympic Blues‹ – The diminution of celebrity in Olympic athletes. *Psychology of Sport and Exercise, 37*, 67–78.

Hudson, N.W.; Lucas, R.E.; Donnellan, M.B. (2020). The highs and lows of love: Romantic relationship quality moderates whether spending time with one's partner predicts gains or losses in well-being. *Personality and Social Psychology Bulletin, 46(4)*, 572–589.

IfD Allensbach (2023). Allensbacher Markt- und Werbeträger-Analyse – AWA. Zitiert nach de.statista.com, URL: https://de.statista.com/statistik/daten/studie/170820/umfrage/als-besonders-wichtig-erachtete-aspekte-im-leben/ (Abrufdatum: 23.11.2023).

Inside Jugendfußball (2019). *Wie hoch ist die Chance Fussballprofi zu werden?* URL: https://jugendfussball-talentsichtung.de/das-fussball-talent/wie-hoch-ist-die-chance-fussballprofi-zu-werden/ (Abrufdatum: 23.11.2023).

Johansson, F.; Rozental, A.; Edlund, K. et al. (2023). Associations between procrastination and subsequent health outcomes among University students in Sweden. *JAMA Netw Open, 6(1)*: e2249346.

Joyce, S.; Shand, F.; Tighe, J. et al. (2018). Road to resilience: a systematic review and meta-analysis of resilience training programmes and interventions. *BMJ Open, 8(6)*: e017858.

Junker, S. (2009). Die Säulen der Lebensfreude und des Selbstwertes. In: Fliegel, S. & Kämmerer, A. (Hrsg.), *Psychotherapeutische Schätze II. 125 weitere praktische Übungen, Methoden und Herausforderungen.* 163–164. DGVT.

Kabat-Zinn, J. (2013). *Full catastrophe living: Using the wisdom of your body and mind to face stress, pain, and illness.* 2. Aufl. Bantam Dell.

Kiefer, F. et al. (2021). *S3-Leitlinie Screening, Diagnose und Behandlung alkoholbezogener Störungen.* 2. Aufl. Springer.

Kim, K.R. & Seo, E.H. (2015). The relationship between procrastination and academic performance: a meta-analysis. *Pers Individ Dif., 82*, 26–33.

Klayman, J. (1995). Varieties of confirmation bias. *Psychology of Learning and Motivation, 32*, 358–418.

Koppel, J. & Rubin, D.C. (2016). Recent advances in understanding the reminiscence bump: The importance of cues in guiding recall from autobiographical memory. *Current Directions in Psychological Science, 25(2)*, 135–149.

Kübler-Ross, E. (1969). *On death and dying.* Macmillan.

Lazarus, A. (1971). *Behavior therapy and beyond.* McGraw-Hill.

Linehan, M. (2015). *DBT Skills Training Manual.* 2. Aufl. Guilford Press.

Mai, J. (2023). *72-Stunden-Regel: Jetzt oder nie!* URL: https://karrierebibel.de/72-stunden-regel/ (Abrufdatum: 29.11.2023).

Maslow, A.H. (1943). A Theory of Human Motivation. *Psychological Review, 50*, 370–396.

Meyer, A.-K. & Benoit, R.G. (2022). Suppression weakens unwanted memories via a sustained reduction of neural reactivation. *eLife, 11*: e71309.

Miller, W.R. & Rollnick, S. (2013). *Motivational interviewing: Helping people change.* 3. Aufl. Guilford Press.

Mitchell, J.T. (1983). When disaster strikes ... the critical incident stress debriefing process. *Journal of Emergency Medical Services, 8(1)*, 36–39.

Mitchell, T.R.; Thompson, L.; Peterson, E.; Cronk, R. (1997). Temporal adjustments in the evaluation of events: the »Rosy View«. *J. Exp. Soc. Psychol., 33*, 421–448.

Müller, E. (1995). *Du spürst unter deinen Füßen das Gras – Autogenes Training in Phantasie- und Märchenreisen.* Fischer.

National Scientific Council on the Developing Child (2004). *Young Children Develop in an Environment of Relationships: Working Paper No. 1.* URL: www.developingchild.harvard.edu (Abrufdatum: 23.11.2023).

Österreichischer Bundesverband für Psychotherapie. *Brauche ich eine Psychotherapie?* URL: https://www.psychotherapie.at/patientinnen/ueber-psychotherapie/brauche-ich-eine-psychotherapie (Abrufdatum: 23.11.2023).

Peseschkian, N. (2008). *Der Kaufmann und der Papagei. Orientalische Geschichten in der Positiven Psychotherapie.* 29. Aufl. Fischer.

Pinker, S. (2018). *Aufklärung jetzt: für Vernunft, Wissenschaft, Humanismus und Fortschritt: eine Verteidigung.* S. Fischer.

Pronova BKK (2023). *Psychische Gesundheit in der Krise. Ergebnisse einer Befragung unter Psychiater*innen und Psychotherapeut*innen.* URL: https://www.pronovabkk.de/media/pdf-downloads/presse/studien/studie-psychische-gesundheit-2023-ergebnisse.pdf (Abrufdatum: 23.11.2023).

Prütz, F.; Rommel, A.; Thom, J.; Du, Y.; Sarganas, G.; Starker, A. (2021). Inanspruchnahme ambulanter medizinischer Leistungen in Deutschland – Ergebnisse der Studie GEDA 2019/2020-EHIS. *Journal of Health Monitoring 2021 6(3).* Berlin: Robert Koch-Institut.

Putnam, F. (1989). *Diagnosis & treatment of multiple personality disorder.* Guilford Publications.

Reddemann, L. (2001). *Imagination als heilsame Kraft.* Klett-Cotta.

Retzer, A. (2012). *Miese Stimmung. Eine Streitschrift gegen positives Denken.* S. Fischer.

Robbins, M. (2018). *Die 5-Sekunden-Regel: Wenn du bis 5 zählen kannst, kannst du auch dein Leben verändern.* 2. Aufl. Frech.

Robert Koch-Institut (2014). *Beiträge zur Gesundheitsberichterstattung des Bundes. Gesundheitliche Lage der Männer in Deutschland.* URL: https://www.rki.de/DE/Content/Gesundheitsmonitoring/Gesundheitsberichterstattung/GBEDownloadsB/maennergesundheit.pdf?__blob=publicationFile (Abrufdatum: 23.11.2023).

Rose, S.C.; Bisson, J.; Churchill, R.; Wessely. S. (2002). Psychological debriefing for preventing post traumatic stress disorder (PTSD). *Cochrane Database of Systematic Reviews*, Issue 2. CD000560.

Roth, G. (2008). *Persönlichkeit, Entscheidung und Verhalten. Warum es so schwierig ist, sich und andere zu ändern.* 2. Aufl. Klett-Cotta.

Salkovskis, P.M. (1989). Cognitive-behavioural factors and the persistence of intrusive thoughts in obsessional problems. *Behaviour Research and Therapy, 27(6)*, 677–682.

Schmidt, M. (2016). *Die guten alten Zeiten.* URL: https://yougov.de/politics/articles/16224-die-guten-alten-zeiten?redirect_from=%2Fnews%2F2016%2F08%2F18%2Fdie-guten-alten-zeiten%2F (Abrufdatum: 23.11.2023).

Schoeppe, S.; Vandelanotte, C.; Rebar, A.L.; Hayman, M.; Duncan, M.J.; Alley, S.J. (2018). Do singles or couples live healthier lifestyles? Trends in Queensland between 2005–2014. *PLoS One. 13(2)*: e0192584.

Schulz von Thun, F. (2011). *Miteinander reden 3. Das »Innere Team« und situationsgerechte Kommunikation (Sonderausgabe).* Rowohlt-Taschenbuch.

Siebert, L. (2022). *Mehr als nur ein Kindheitstraum: So werdet ihr Astronaut bei der ESA – und das könnt ihr verdienen.* URL: https://www.businessinsider.de/karriere/astronaut-bei-der-esa-werden-bewerbung-gehalt/ (Abrufdatum: 23.11.2023).

Stangl, W. (2023). Prokrastination. *Online Lexikon für Psychologie & Pädagogik.* URL: https://lexikon.stangl.eu/814/prokrastination (Abrufdatum: 23.11.2023).

Statistisches Bundesamt (2023). *Todesursachen: Suizide.* URL: https://www.destatis.de/DE/Themen/Gesellschaft-Umwelt/Gesundheit/Todesursachen/Tabellen/suizide.html (Abrufdatum: 23.11.2023).

Tolkien, J.R.R. (2002). *Der Herr der Ringe. Band 1. Die Gefährten.* 11. Aufl. Klett-Cotta.

Watzlawick, P. (2009). *Anleitung zum Unglücklichsein.* 7. Aufl. Piper.

Wells, A. (2009). *Metacognitive therapy for anxiety and depression.* Guilford Press.

Werner, E.E. (1992). The children of Kauai: Resiliency and recovery in adolescence and adulthood. *Journal of Adolescent Health, 13(4)*, 262–268.

Westen, D.; Blagov, P.S.; Harenski, K.; Kilts, C.; Hamann, S. (2006). Neural bases of motivated reasoning: An FMRI study of emotional constraints on partisan political judgment in the 2004 U.S. Presidential election. *Journal of Cognitive Neuroscience, 18(11)*, 1947–1958.

Wittchen H.U.; Jacobi F.; Rehm J. et al. (2011). The size and burden of mental disorders and other disorders of the brain in Europe 2010. *European Neuropsychopharmacology. 21(9)*, 655–679.

Wittmann, M.; Dinich, J.; Merrow, M.; Roenneberg, T. (2006). Social jetlag: misalignment of biological and social time. *Chronobiol Int. 23(1–2)*, 497–509.

World Health Organization/WHO (2004). *Promoting mental health: Concepts, emerging evidence, practice: Summary report.* Geneva: World Health Organization.

World Health Organization/WHO (2020). *WHO guidelines on physical activity and sedentary behaviour.* Geneva: World Health Organization.

World Health Organization/WHO (2023). *Beim Alkoholkonsum gibt es keine gesundheitlich unbedenkliche Menge.* URL: https://www.who.int/europe/de/news/item/28-12-2022-no-level-of-alcohol-consumption-is-safe-for-our-health (Abrufdatum: 23.11.2023).

Young, J.E. & Klosko, J. (1994). *Reinventing your life.* Plume.

Yu, J.; Yang, D.; Kim, Y. et al. (2020). Seasonality of suicide: a multi-country multi-community observational study. *Epidemiol Psychiatr Sci., 29*: e163.